Collection Rolf Heyne

Gartenkunst
im Spiegel der Jahrhunderte

Philip de Bay & James Bolton

Gartenkunst

im Spiegel der Jahrhunderte

COLLECTION ROLF HEYNE
MÜNCHEN

Für Chella de Bay

Umschlag: Formaler niederländischer Garten um 1700.

Vorsatz: Französisches Modeblatt von Vernet (1799): Eine Dame des Directoire trägt stolz ihre blumenverzierte Haube.

Frontispiz: Blick von der Terrasse durch den vom italienischen Stil inspirierte, im 19. Jahrhundert angelegte Shrubland Park, Suffolk, England.

Rechts: Barocker französischer Entwurf von Jean Le Pautre: Nymphe mit Blumen gefüllter Urne auf dem Kopf.

Inhalt

Vorwort

Die Gärten des 21. Jahrhunderts liegen zum Großteil innerhalb von Dörfern oder Städten; in ihnen erleben die Menschen die Natur sehr bewußt und intensiv – enger kommen sie in ihrem sonstigen Leben nicht mit ihr in Berührung. Weit gefächert ist das Angebot an »natürlichen Elementen«, die wir in unsere relativ kleinen Anlagen einbringen können. Der Wunsch, die Natur in unsere Gärten zu integrieren, zeigt aber auch, wie weit sich der moderne Mensch von ihr entfernt hat. Von Anfang an war jeder Garten Ausdruck des menschlichen Bestrebens, die Natur zu zähmen und zu kontrollieren. Der Garten Eden nahm zuallererst in der Phantasie der Menschen Gestalt an. Und der Sündenfall steht ebenso für eine gärtnerische Fehlentwicklung wie für das Erwachen der Sexualität. Können gefallene Menschen einen perfekten Garten schaffen? Sicherlich, denn schließlich zeigt dieses Buch, dass wir uns seit Jahrhunderten darum bemühen.

Beim Betrachten der Illustrationen, die Philip de Bay für dieses Buch gesammelt hat, fiel mir auf, wie unbehaglich sich die Menschen zu fühlen scheinen, die in ihren zurechtgestutzten und reich geschmückten, der Natur so fernen Gärten und Parks umherspazieren. In diesen formalen Gärten beschränkt sich das menschliche Handeln auf ein gemächliches Lustwandeln; Bilder, die die Heerscharen der Gärtner zeigen, die emsig arbeiteten, um dieses statische Erscheinungsbild aufrechtzuerhalten, sind sehr selten. Meine liebste Abbildung findet sich auf Seite 372/73: sie zeigt Arbeiter, die im Park des Prinzen Liechtenstein in der Nähe von Wien die Orangenbäume nach draußen schaffen. Der umgekippte leere Kübel, die Erdwalze und der Rechen verleihen dem formalen Gartenensemble eine lebendige und realistische Atmosphäre. Eine ganz große Ausnahme sind auch Bilder wie das auf Seite 286/87, auf denen das menschliche Handeln im Vordergrund steht und die Gartenanlagen lediglich als Kulisse dienen. Ich bin der Meinung, dass darin der Schlüssel zu der nach wie vor aktuellen Faszination der Gartenarbeit liegt: Gärtnern ist ein urmenschliches Betätigungsfeld, bei dem wir eines jedoch nicht vergessen dürfen: Die Natur braucht nicht unsere Unterstützung für ihr Wachstum. All die Hilfsmittel und teils recht skurrilen Errungenschaften, die dieses Buch so wundervoll illustriert, sind Ausdruck des dem Menschen innewohnenden Wunsches, die Natur in den Griff zu bekommen und ihr einen gewissen Raum abzuringen, der dem Menschen ganz allein gehört und den er nicht mit der Natur teilen will.

Dennoch: Was die Gartenarbeit in all ihren Formen so befriedigend macht, ist die Tatsache, dass durch die Diskrepanz zwischen menschlichem Kontrollanspruch und der Natur, die sich dieser Kontrolle entzieht, echte Kreativität zustande kommt. Einen Garten anzulegen und zu gestalten gehört von jeher zu den großartigsten und zugleich am besten verständlichen Kunstformen. Dieses Buch ist eine Chronik des Wunsches, die Natur nicht unbedingt zu unterdrücken, sondern ihr vielmehr den Stempel der menschlichen Hand aufzudrücken – und in diesem eitlen, fast zwanghaften Bestreben liegt fast etwas Heroisches. Auch aus diesem Grund sehe ich, der ich mich zu den bedingungslosen Gartenliebhabern zähle, dieses Buch als eine wundervolle Huldigung an eine essenzielle menschliche Leidenschaft, die in jedem Garten spürbar wird.

Linke Seite: Modeblatt des 18. Jahrhunderts (»Galérie des Modes«) mit Ziergitter und Kugelbäumen im Hintergrund.

Einführung Gartenkunst

Seit Jahrhunderten sind Gärten ein Quell der Freude und des Vergnügens. Eine der sympathischsten Spielarten menschlicher Leidenschaft ist der Wunsch, die Natur zu zähmen, aus dem Miteinander von Entwürfen, Ornamenten, Blumen und Gehölzen einen Garten entstehen zu lassen. Im Lauf der Jahrhunderte hat sich diese Passion auf vielerlei Arten manifestiert – von den architektonisch durchkomponierten Barockgärten Italiens über die Parterres und Alleen Versailles' bis hin zu den bunten Rabatten der englischen Landhäuser. Diese Gartenleidenschaft spiegelt sich auch in den faszinierenden Bildern und Stichen dieses Buches wider. Aktive Gärtner werden ebenso wie passive Genießer ihre Freude daran haben.

Bewundert werden können die Früchte gärtnerischer Glanzleistungen wie Parterres, Hecken, Labyrinthe und Pflanzenskulpturen. Daneben präsentiert dieses Buch wunderschöne und manchmal herrlich verrückte Formen und Strukturen, geschaffen aus Holz, Stein und Metall. Tempel, Pavillons, Wintergärten, Orangerien, Lustschlösschen, Mausoleen und Ruinen werden ebenso gezeigt wie Statuen, Urnen und einfallsreiche Holzkonstruktionen, die an gotische, klassizistische, maurische und fernöstliche Vorbilder angelehnt sind. In Schaukeln und Irrgärten, Taubenhäusern, Volieren und Menagerien finden die Freuden des Gartens ihre Fortsetzung.

Gärten dienten schon immer der Erbauung – ganz gleich, ob es sich um Nutz- oder Zieranlagen handelte. Sie sollen Ablenkung vom Alltagsleben bieten und zerstreuen. Vom frühen persischen Lustgarten bis hin zum kleinsten Stadtgarten unserer Tage besteht der Sinn und Zweck von Gärten darin, zur Beruhigung, zur Erfrischung und Stärkung der menschlichen Psyche beizutragen. Im alten Ägypten ließen sich die Pharaonen von in goldene Netze gehüllten Mädchen über Zierteiche rudern. Archimedes besaß einen schwimmenden

Garten mit schattigen Wandelgängen und prächtigen Wasserspielen. Der römische Kaiser Hadrian ließ in seiner Villa in Tivoli einen Speisesaal einrichten, in dem seine Gäste umgeben von Kaskaden und Springbrunnen dinierten. In England waren die Gärten des Mittelalters wie geschaffen für Liebende, die auf Bänken rasten, ein gemeinsames Bad nehmen und sich an Wasserspielen zu ergötzen wollten.

Der Garten wird von begeisterten Gärtnern liebevoll gepflegt und gerne vorgezeigt: Er fasziniert durch die Pracht der Blüten, durch das Glitzern des Wassers in Brunnen und Becken, durch das Schimmern von Marmor, durch seine phantasievollen Ornamente. Das Ohr erfreut sich am Zwitschern der Vögel in den Bäumen oder in der nahen Voliere.

Äußere Prachtentfaltung oder auch Lustgewinn spielten für die Gestalter und Architekten der italienischen Gärten des 16. und 17. Jahrhunderts eine äußerst wichtige Rolle – in verschwenderischem Prunk imitierten sie den Glanz des alten Rom. Die um 1560 gestalteten Gärten der Villa d'Este beispielsweise nutzen die Wassermassen des Flusses Aniene – auf diese Weise entstand eine Fülle von Wasserspielen, von Teichen und Fontänen, von Wassertreppen und Kaskaden. Aus den Ruinen der nahe gelegenen Hadrians-Villa brachte man ein Heer von Statuen hierher, um die Gärten zu schmücken und noch opulenter auszustatten. Weithin sichtbar platzierte man Abbilder des Herkules, der als mythischer Ahn der Familie d'Este gilt. An verschiedenen Stellen forderte man dem Besucher eine moralische Entscheidung ab: Er hatte die Wahl zwischen dem »Pfad der Tugend«, repräsentiert durch die Diana-Grotte, und dem »Pfad des Lasters«, symbolisiert durch die Venus-Grotte. Ausgeklügelte hydraulische Vorrichtungen ließen mechanische Vögel singen, Wasserorgeln erklingen oder durchnässten den überraschten Besucher mit unerwarteten Wasserfontänen.

Als sich die europäische Mode Mitte des 17. Jahrhunderts mehr und mehr an französischer Architektur und Gestaltung orientierte, entwickelte sich Frankreich auch zum Mittelpunkt der Gartenkunst.

Oben: Vogel; Detail eines Druckes aus dem frühen 18. Jahrhundert.

Im Jahr 1653 beauftragte Nicolas Fouquet, seines Zeichens Finanzminister König Ludwigs XIV., den berühmten Gartengestalter Le Nôtre in Vaux-le-Vicomte mit der Erschaffung eines kolossalen Gartens von noch nie da gewesener Pracht. Anschließend lud Fouquet Ludwig XIV. zu einer Aufsehen erregenden Feier in eben diesen Garten ein, den der Sonnenkönig als »kühn und anmaßend« bewertete. Fouquets Schicksal war besiegelt: Er wurde eingekerkert. Auch Ludwig XIV. nahm die Dienste Le Nôtres in Anspruch. Die Prachtentfaltung von Versailles zielte darauf ab, den Glanz des Sonnenkönigs sowie den Machtanspruch Frankreichs zu symbolisieren.

Versailles wurde für ganz Europa zum Vorbild. Kein Fürst von Rang war zufrieden, bevor er nicht eine kleine Kopie von Le Nôtres Anlage geschaffen hatte. In Wien versuchten die Habsburger, mit Schloss Schönbrunn dem französischen Vorbild gleichzukommen. So weit das Auge reicht, erstrecken sich die Parterres, hohe, exakt gestutzte Hecken unterteilen den Park in Quadrate und Dreiecke. In Deutschland war das Schwetzinger Schloss von herausragender Bedeutung, dessen riesiges, in Kreisform angelegtes Parterre von geschwungenen Laubengängen umgeben ist.

All die Springbrunnen und Parterres, Stufen und Terrassen, Haine und Lauben – im späten 17. und frühen 18. Jahrhundert überaus modische Elemente – mussten jedoch schließlich eine Gegenbewegung hervorrufen. In dem Maß, wie sich nach dem Tod Ludwigs XIV. die politische Macht in Richtung Norden verlagerte, wuchs auch – ausgehend von England – die Ablehnung von Formalismus und Klassizismus im Gartenbau.

Erst im frühen 19. Jahrhundert entdeckte man diese dekorativen Elemente neu: Terrassen mit steinernen oder schmiedeeisernen Balustraden, sogar Springbrunnen kamen wieder in Mode. Unter den zahlreichen Stilen, die nun aus der Versenkung geholt wurden, war der italienische der populärste. Shrubland Park, eine von dem berühmten viktorianischen Architekten Sir Charles Barry gestaltete Anlage, wird von einer gigantischen Treppenflucht aus 137 Stufen beherrscht, die den Besucher über fünf Terrassen auf

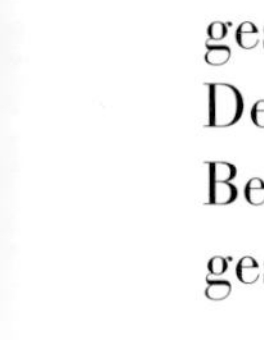

Oben: Hornkäfer; Detail eines Druckes vom Anfang des 18. Jahrhunderts.

ein tiefer gelegenes Parterre führt. In den Vereinigten Staaten lösten Edith Whartons Bücher über italienische Villen unter den amerikanischen Neureichen eine regelrechte »italienische« Hysterie aus. Die Anlagen der Villa Vizcaya in Florida, die zum Teil auf den Plänen der italienischen Villa Lante beruhen, sind eine gelungene Nachbildung eines italienischen Gartens des 16. Jahrhunderts. Inmitten von Zierrabatten und Alleen aus immergrünen Eichen liegt ein steinernes Boot vor der Kulisse einer formalen Terrasse vor Anker. Das von Beatrix Farrand kreierte Dumbarton Oaks in Washington D.C. wirkt wie die italienische Interpretation eines Arts-and-Crafts-Entwurfs.

Dank technischer Neuerungen konnten die Gärtner des 19. Jahrhunderts auf eine weitaus größere Palette an Materialien zum Schmuck ihrer Anlagen zurückgreifen. Eine gewisse Mrs. Coade aus Lambeth erfand einen künstlichen Stein auf Keramikbasis, dessen Zusammensetzung erst in jüngster Zeit entschlüsselt wurde; das neue Material Gusseisen erfreute sich ebenfalls großer Beliebtheit.

Lange goldene Nachmittage scheinen für das erste Jahrzehnt des 20. Jahrhunderts – zumindest im Rückblick – typisch gewesen zu sein. Der Architekt Edwin Lutyens schuf in dieser Zeit für seine Auftraggeber bis ins Detail durchgeplante und sagenhaft kostspielige Häuser und Gärten, deren Stil vom heimeligen Landhaus bis zur strengen Klassik reichte.

In den verbliebenen Jahrzehnten des 20. Jahrhunderts entwickelte die Gartenkunst ein Faible für dramatische Effekte. Starke visuelle Reize entfalten ihre Wirkung: Mauern werden in leuchtendem Blau oder Purpur gestrichen; man beleuchtet Wasserbecken und Pools, Bäume und Sträucher, um in der Dunkelheit spektakuläre Wirkungen zu erzielen. Züchter versuchen mit immer neuen Pflanzensorten den Wunsch nach Neuheiten zu befriedigen, zur Pflege der Anlagen werden ständig neu entwickelte Geräte, Apparate und Vorrichtungen auf den Markt gebracht. Und alles Neue wird von den Gärtnern und Gartenliebhabern mit Begeisterung aufgenommen und mit Leidenschaft ausprobiert – so, wie es schon seit vielen Jahrhunderten typisch für sie ist.

1
Die Natur formen

Ein Paradies auf Erden

Alle grünen und nachwachsenden Elemente des Gartens lassen sich schneiden, stutzen, trimmen, in Spalier- oder Kordonform erziehen, an Rankgerüsten festbinden – oder man lässt sie einfach gewähren und imitiert so die Natur. Mit Erde oder Steinen kann man Muster legen oder Formen, wie beispielsweise ein Amphitheater oder sogar eine Freilichtbühne, schaffen. Je formaler der Garten gestaltet ist, desto größer ist die Bedeutung der Pflanzen und umso wichtiger ist das Aussehen, die man ihnen gibt – etwa in Form von Zierrabatten, Hecken, Labyrinthen und Spalieren.

Die Römer begründeten die Tradition der Beetgestaltung mit immergrünen Pflanzen. In den italienischen Renaissance- und Barockgärten wurden rechteckige Raster aus Buchsbaum, Rosmarin und Eibe angelegt, in deren Zentrum man Zitronenbäume in Terrakottagefäßen stellte. Im Frankreich des 17. und 18. Jahrhunderts erreichte die Parterre-Gestaltung ihren kunstvollen Höhepunkt: Tausende von Buchspflanzen bildeten Einfassungen in geometrischen und arabesken Formen und bestachen als so genannte Parterres vor einem Hintergrund aus bunten Steinen oder Kies. Auch die Kunst des Heckenschnitts perfektionierten die Franzosen. In den Gärten von Versailles bildeten acht Millionen Hainbuchen eine

Links: Detail eines Parterre-de-broderie-Entwurfs aus Johann Van der Groens »Den nederlandschen Howenier« (1668).

schier endlose Hecke um die bewaldeten Bereiche zu beiden Seiten der Alleen. Zuweilen gestaltete man die Hecken spektakulär als Kolonnaden, Palisaden, Bögen, Säulen oder gar als ganze *cabinets de verdures*, grüne Räume.

Mit Opus topiarum bezeichnete man die römische Kunst der ornamentalen Gartengestaltung, zu der auch der Gehölzschnitt gehört. In den römischen Gärten stutzte man aus Zypressen ganze Jagdszenen und Schiffsflotten zurecht oder formte den Namen oder die Initialen des Gartenbesitzers in Buchs. Im Mittelalter feierte die Gestaltung mit immergrünen Pflanzen eine Auferstehung – man schnitt Gehölze zu mehrgeschossigen Gebilden zurecht, die aussahen wie gigantische Hochzeitstorten. Die Anlagen der italienischen Villa Rucellai waren im 15. Jahrhundert voll von Kugeln, Bögen, Tempeln, Vasen, Urnen, Affen, Eseln, Ochsen, einem Bären, Riesen beiderlei Geschlechts – und alle bestanden aus unterschiedlichen immergrünen Gewächsen.

Ab dem 17. Jahrhundert veröffentlichte man in den meisten größeren europäischen Ländern Musterbücher, die den wissbegierigen Gärtnern Anregungen in Hülle und Fülle lieferten – jeder konnte sich auf diese Weise sein eigenes kleines Paradies schaffen. In diesen Büchern fand man auch Vorschläge zur Pflanzenwahl – laut einem englischen Autor war Rosmarin besonders bei weiblichen Gärtnern eine beliebte Schnittpflanze. Im 18. Jahrhundert neigte sich diese Mode ihrem Ende zu und wurde erst durch die Arts-and-Crafts-Bewegung im späten 19. Jahrhundert wieder belebt.

Den vielleicht ultimativen Ausdruck des Wunsches, die Natur zu kontrollieren und eine spannungsreiche Umgebung zu schaffen, stellen Labyrinthe und Irrgärten dar, die tief in Geschichte und Legende verwurzelt sind. Im christlichen Sinne symbolisieren sie den Weg der Seele hin zur Erlösung, in der Gotik waren Labyrinthe im Boden mancher Kathedralen eingemeißelt. In ihrer primitivsten Form waren Irrgärten einfach aus Steinen gelegte Linien oder in Rasen geschnittene Formen. Erst später ging man dazu über, die Umrisse aus Hecken zu gestalten. In den Gärten der Villa d'Este befanden sich nicht weniger als vier Labyrinthe; im Jahr 1667 wurde in den Gärten von Versailles ein Irrgarten rund um neununddreißig die Fabeln Äsops symbolisierende Statuen angelegt.

Auch die Garten-Amphitheater zielen in dieselbe Richtung. In ganz Europa richtete man sie nach Vorbild der italienischen Renaissancegärten ein, unter denen das Gartentheater der florentinischen Boboli-Gärten besonders beispielhaft ist. Bis ins kleinste Detail – nämlich bis zum Rasen – wird auch in diesem Fall die Anlage geplant und gestaltet.

Folgende Seite: Entwurf Jean Le Pautres aus den 1660ern
für einen Parterre-Garten mit zentralem Wasserbecken und Fontäne.

Oben: Die Titelseite von T. de Brys »Florilegium« aus dem Jahr 1612: Sie stellt den idealen Garten dar.

Links: Szene aus dem von Mauern umschlossenen Garten des Amsterdamer Ratsherrn Jakob Trip (um 1700).

Oben: Lageplan und Ansicht eines Parterre-de-broderie-Gartens mit sich drehendem Wasserspiel (1668).

Vorhergehende Doppelseite: Formaler niederländischer Garten aus der Zeit um 1700.

Links und oben: Entwürfe aus »Den nederlandschen Howenier«: Arabeske Pflanzungen aus Kräutern und Blumen, eingefasst mit niedrigen Buchs- und Eibenhecken, sowie der Entwurf eines Labyrinthgartens rund um einen zentralen Baum.

Seite 22/23: Dieser Druck aus dem Jahr 1614 zeigt den Idealgarten eines niederländischen Paares – er symbolisiert ein Leben in Wohlstand. **Seite 24/25:** Typischer österreichischer Barockgarten um 1730: Die symmetrisch angelegten Parterres de broderie säumen antike Skulpturen; die Gehölze wurden in Form von Kegeln und Pyramiden geschnitten.

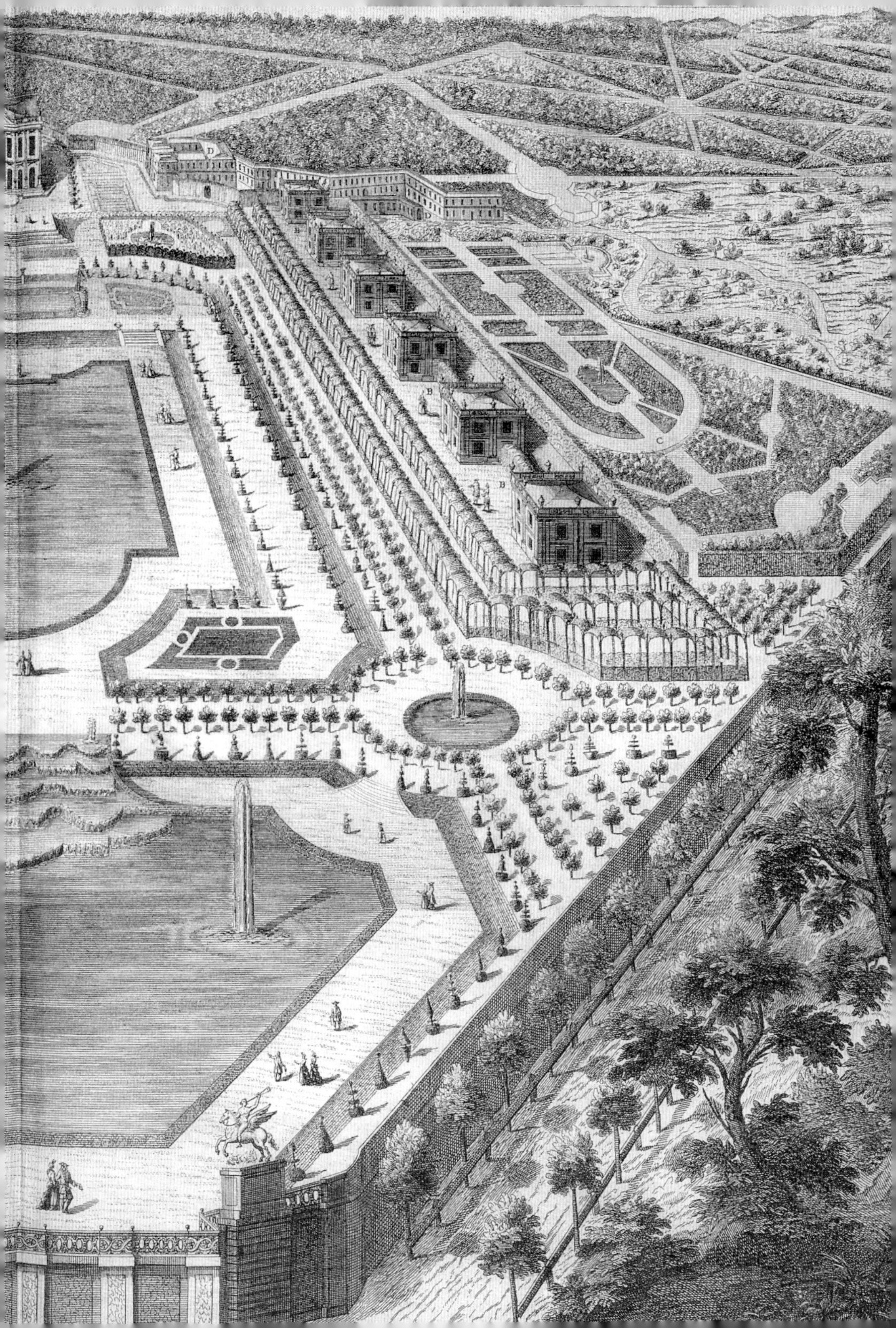
D
D
B
B
B
C

Oben und rechts: Niederländische Gärten des 17. Jahrhunderts: Die Anlage beim Herrenhaus Assumberg und der kleinere Landhausgarten von Adrichem weisen ähnliche Elemente auf.

Vorhergehende Doppelseite: Ansicht von Schloss und Park Marly, die um 1710 von Ludwig XIV. in der Nähe von Paris erbaut wurden.

Links: Entwurf des Königlichen Hofarchitekten Paul Decker für die preußischen Paläste (1711)

Oben: Die italienischen Barockgärten der Villa Pamphili bei Rom (aus Piranesis »Vedute di Roma«, um 1740).

Folgende Doppelseite: John Roques hielt 1738 eine Gesellschaft auf dem Bowling Green von Claremont, Surrey, England, fest.

Oben und rechts: Zwei Versionen eines Barockgartens: der Gouverneurspalast auf der Karibikinsel Dominica und der Semplici-Palast in Cisinello, Italien.

Oben: Schon in der Renaissance schnitt man Gehölze zu. Diese Anregungen stammen aus Colonnas »Hypnerotomachia Poliphili«, einer philosophischen Abhandlung aus dem Jahr 1499, in der der Garten als Abbild menschlicher Ideen beschrieben wird.

Vorhergehende Doppelseite: Giuseppe Zocchis Darstellung des toskanischen Castel' Pulci um 1740.

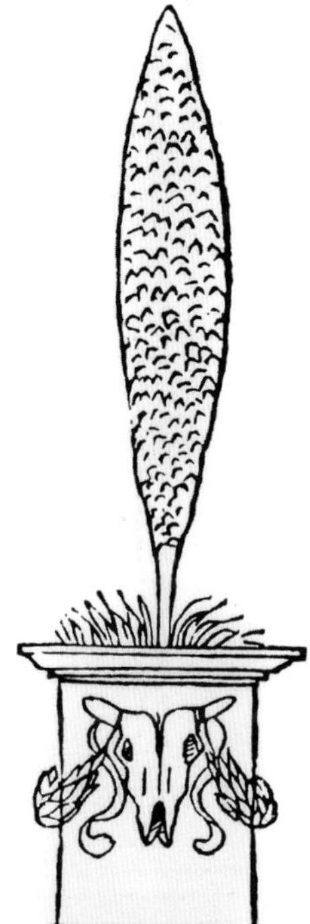

Folgende Doppelseite: Die Radierung von Nicolaus Visscher zeigt einen deutschen Garten des späten 17. Jahrhunderts.

Unten: Garten aus einem von Paul Decker d. Ä. im 18. Jahrhundert veröffentlichten Werk über Schlösser und Parks um Berlin.

Rechts: Impression aus einem niederländischen Barockgarten mit kleiner Grotte (Visscher, 18. Jahrhundert).

Oben: Variation des im frühen 18. Jahrhundert so beliebten Bowling Green in den Gärten des Fürsten Schwarzenberg bei Wien.

Rechts: Salomon Kleiners Darstellung eines abgesenkten Bowling Green im Park des Grafen Althan bei Wien.

Links und unten: Das berühmte Heckenlabyrinth im Park der Villa Pisani in Stà. Die Gärten wurden 1735 für den venezianischen Dogen Alvise Pisani angelegt.

Oben: Die Radierung aus der Mitte des 18. Jahrhunderts zeigt das berühmte Amphitheater von Claremont in der englischen Grafschaft Surrey.

Rechts: Eine Arts-and-Crafts-Interpretation des Spätrenaissancegartens von Thomas Mawson.

Vorhergehende Doppelseite: Durch einen Heckenbogen fällt der Blick auf die Freilichtbühne eines niederländischen Barockgartens.

C.E.MALLOWS
F.L.B. Griggs
MDCCCC.

Links und oben: Zwei spektakuläre Alleen: Links die in Teddesley, Sitz von Lord Hatherton (um das Jahr 1840); die zweite befindet sich im Wiener Augarten. Beide zeigen, wie man im Barock den Formschnitt an Linden handhabte.

Folgende Doppelseite: Garten eines niederländischen Landsitzes (um 1700).

Oben: Im frühen 17. Jahrhundert wurden zahlreiche exotische Pflanzen aus der Neuen Welt nach Europa gebracht. Botanische Studien mit ausgezeichneten handgefertigten Illustrationen wurden in der Folgezeit veröffentlicht, gleichzeitig lieferten zahlreiche Autoren Informationen über

Heilwirkung, Haltung und Wuchsverhalten dieser Pflanzen. Diese vier Aloe-Arten und der blühende Kaktus stammen aus Abraham Muntincks Abhandlung aus dem Jahr 1666; sie waren damals in Europa eine absolute Neuheit und wurden in speziellen Gewächshäusern kultiviert.

Folgende Seite: Die Gärten der Kaiserin Maria Theresia rund um Schloss Favorita.

a

Oben: Die herrlichen Parterres von Bowood, Wiltshire, wurden 1851 von George Kennedy gestaltet und von dessen Zeitgenosse E. Adveno Brooke in einem Aquarell festgehalten.

Rechts: Fürstlicher Barockgarten in den Niederlanden; Stich von Nicolaus Visscher aus dem Jahr 1709.

Vorhergehende Seite: Die Parterre-Gärten von Schloss Gaibach.

Folgende Doppelseite: Der barocke Wassergarten um Schloss Gaibach, einem Besitz des Grafen Schönborn (Salomon Kleiner, 1728).

2 Die Anlage des Gartens

Ein Tempel der Wonne

Gartengebäude gibt es in unendlich vielen Variationen und Stilrichtungen, sie dienen den verschiedensten Zwecken: In Pavillons kann man sich während der Hitze des Tages zurückziehen, kleine Lauben und Tempel wirken als Blickfang; Orangerien und Wintergärten bieten frostempfindlichen Agrumenpflanzen im Winter und während Schlechtwetterperioden Schutz; in Sommerhäusern nimmt man den Tee ein; und dann gibt es vielleicht noch Mausoleen, von denen eine ganz eigene Wirkung ausgeht. Horace Walpole bemerkte zu dem Mausoleum des Castle Howard in Yorkshire, dass er sich mit dem Gedanken anfreunden könne, sich darin lebendig begraben zu lassen!

Gartengebäude können politische oder soziale Zwecke erfüllen: in Stowe (Buckinghamshire) beispielsweise plante Lord Cobham in den Temples of Ancient Virtue, Modern Virtue and British Worthies den Sturz der damaligen Regierung. Gartengebäude können dazu dienen, Zeugnis vom Reichtum und Bildungsstand ihres Besitzers abzulegen, den Glanz des alten Rom und der italienischen Renaissance widerzuspiegeln oder die Extravaganz von Versailles zu kopieren. In architektonischer Hinsicht sind diese Bauwerke oft innovativ und neuartig. Viele von ihnen waren nicht für die Ewigkeit bestimmt und wurden nach einer gewissen Zeit abgerissen, an einen

Links: Detail eines barocken Gartens, inszeniert von Pietro Righini.

anderen Ort versetzt oder gemäß der neuesten Mode umgestaltet – schließlich war dies sehr viel einfacher, als das ganze Haus umzumodeln, dessen Satelliten die Gartengebäude meist waren. So konnte ein Tempel mit reinen klassischen Linien von der nächsten Besitzergeneration in eine rustikale Grotte umgestaltet werden. Oder man riss die chinesische Pagode, die bisher das zentrale Element des Gartens bildete, schon wenige Jahrzehnte nach ihrer Erbauung wieder ab. Für weniger phantasievolle Hausherren veröffentlichten Architekten – in der ersten Hälfte des 19. Jahrhunderts beispielsweise Batty Langley, etwas später William Halfpenny – Musterbücher, die viele Anregungen für unterschiedliche Bauwerke in zahlreichen Stilrichtungen enthielten.

Bauwerke im Garten sind ein hervorragender Indikator der jeweiligen Modeströmung; so verschwanden etwa die über Jahrzehnte beliebten Grotten, deren Tradition bis zu den Nymphäen des alten Rom zurückreichte, in der viktorianischen Epoche fast spurlos: Kühle und feuchte Orte waren nicht mehr gefragt. An ihre Stelle traten Sommerhäuser und so genannte *swiss cottages*. Mit der industriellen Massenproduktion von Glas und Gusseisen wurden im 19. Jahrhundert Gewächshäuser und Wintergärten populär – die traditionellen Orangerien hatten mehr oder weniger ausgedient. Die Chinoiserie-Mode kam und ging, während in allen Fin-de-siècle-Stilrichtungen japanische Elemente eine Rolle spielten.

Obgleich Gärten in erster Linie dazu gedacht sind, den verschiedensten Pflanzen einen angemessenen Standort zu geben, sind es doch meist die Bauwerke, die den Anlagen ihr besonderes Gepräge geben. Bauwerke in allen erdenklichen Stilrichtungen – vom palladianischen Klassizismus bis hin zu ans Mittelalter erinnernde Attrappenbauten – sollten das Haupthaus ergänzen oder auch einen Gegenpol dazu schaffen. Glücklich der Gartenbesitzer im späten 18. Jahrhundert, der die Aussicht auf eine echte mittelalterliche Ruine – Kloster oder Burg – genießen konnte, wie es beispielsweise in Fountains oder Rievaulx der Fall war. Und wenn keine »echte« Ruine vorhanden war, ließ man eben eine erbauen – in Form eines halb verfallenen Turmes oder einer Eremitage, in der man nicht selten für teures Geld auch einen leibhaftigen Einsiedler einquartierte, um echte Authentitizität zu erreichen.

Für Gartengebäude ersann man alle möglichen Formen: Neben den uns geläufigen gab es Schutzhütten, türkische Zelte, Aussichtsplattformen, Kioske, Badehäuser und alles, was mit dem modernen Swimmingpool verbunden ist. Da die Mode rasch wechselte, spielen in diesem Zusammenhang Illustrationen und Musterbücher eine große Rolle – sie erlauben uns einen Blick zurück auf längst vergangene Gartenbauwerke. Das, was heute die lässige holzgedeckte Dachterrasse ist, war früher etwa die kunstvolle steinerne Loggia.

Oben: Querschnitt eines Gartenpavillons nahe Antwerpen (Belgien, 1827).

Rechts: Zweigeschossiger Belle-Époque-Pavillon in einem deutschen Garten.

Beide Seiten: Im 18. Jahrhundert wurden zahlreiche Musterbücher veröffentlicht, die Gartenbesitzern Anregungen liefern sollten. Hier abgebildet: Gotik, indischer Stil, maurischer Stil und Klassik.

Vorhergehende Doppelseite: Der durch die Gärten der Isola Bella im Lago Maggiore inspirierte Diana-Springbrunnen – eine Extravaganz des italienischen Barock.

Diese Stoffsammlungen enthielten Entwürfe verschiedener Architekten und verbreiteten die unterschiedlichen Stilrichtungen in ganz Europa und den Kolonien.

Garden Building.

Section of Garden Building.

Links und oben: Zwei Gartengebäude im ägyptischen Stil mit klassischen Elementen (möglicherweise Mausoleen) und die Ansicht eines maurischen Pavillons. Die Entwürfe stammen aus Sir John Soanes im Jahr 1797 erschienenen Werk »Designs in Architecture«, einer phantasievollen Zusammenstellung von Tempeln und anderen kleinen Gartenbauwerken.

Folgende Doppelseite: Interieur eines Sommerhauses aus Georges Rémons »La Décoration Intérieure« (Paris, um 1895).

Links: Der Stich aus dem Jahr 1784 zeigt die neugotische Kapelle von Strawberry Hill, Twickenham.

Oben: Mitte des 18. Jahrhunderts entstand der Entwurf eines barocken Tempels von J. J. Schübler.

Linke Seite: Ein Gartenpavillon mit gotischen Elementen (oben links), ein klassischer Pavillon im französischen Stil (unten links) und ein Badehaus mit Kuppeldach, 1802 (unten rechts); das gotische Cottage (oben rechts) wurde von Papworth entworfen und in »Ackermann's Repository« veröffentlicht.

Oben: James Paine entwarf um 1770 ein klassisches Sommerhaus im Adam-Stil.

Oben: Rustikaler Bankettsaal aus der von Charles Over im Jahr 1758 veröffentlichen Zusammenstellung von Gartenentwürfen im Stil der Gotik und des Rokoko.

Rechts: Zwei Entwürfe für Eremitagen aus William Wrightes »Grotesque Architecture, or Rural Amusements« aus dem Jahr 1767, als sich die Rokokohysterie auf dem Höhepunkt befand.

Folgende Doppelseite: Die »Gloriette Chinoise« des Prinzen Liechtenstein bei Wien (um 1790).

Oben: Vier Entwürfe aus dem 18. Jahrhundert. Die beiden größeren Gebäude sind Beispiele für Pavillons im gotischen Stil; sie stammen von Batty Langley (oben) und William Halfpenny (drittes Bild). Die beiden maurischen Tempel stammen von Soane und wurden in Le Rouges Kompendium veröffentlicht.

Oben: Radierung aus Janschas im Jahr 1799 erschienenen Werk über die Gärten der österreichischen Habsburgermonarchie: Kaiserin Maria Theresias Schlosspark von Laxenburg.

Rechts: Entwurf von Papworth für einen so genannten Garden Alcove im fernöstlichen Stil.

Folgende Doppelseite: Der Kiosk von Ranelagh bei Paris (aus Le Rouges Werk »Jardins Anglo-Chinois«, 1784).

Niederländischer Entwurf für eine rustikale Kapelle im Adam-Stil, 1802.

Oben links: Querschnitt eines Landhauses aus einem Album niederländischer und belgischer Entwürfe, 1827.

Oben: Deutscher Entwurf für die Innengestaltung eines chinesischen Gartentempels, 1779.

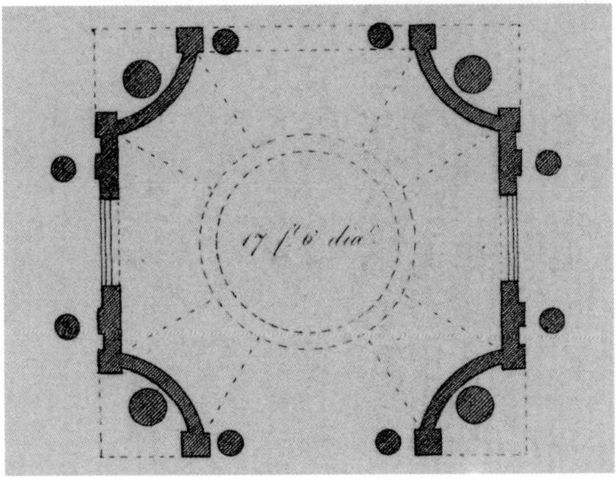

Oben und rechts: Soanes Werk »Designs in Architecture« von 1778 entstammen dieser kuppelbedeckte Tempel für einen Blumengarten im klassischen Stil und ein rustikaler, mit Säulen verzierter Tempel.

Folgende Doppelseite: Aquarell einer strohgedeckten Eremitage (»Ackermann's Repository«, um 1820).

Links und oben: Gartentempel im Chinoiserie-Stil sind den Rokokomusterbüchern von Paul Decker aus dem Jahr 1759 und Charles Over aus dem Jahr 1758 entnommen – die meisten dieser Entwürfe waren zu ausgefallen, um jemals realisiert zu werden.

Folgende Doppelseite: Entwurf für ein kaiserliches Fischerhäuschen aus Paul Deckers Werk über chinesische Architektur.

Oben: Barockpavillons in den Gärten des Prinzen Liechtenstein in Rossau.

Rechts: Fassade des Lusthauses auf dem Sitz des Grafen Althan (Kleiners Kompendium königlicher Paläste rund um Wien, frühes 18. Jahrhundert).

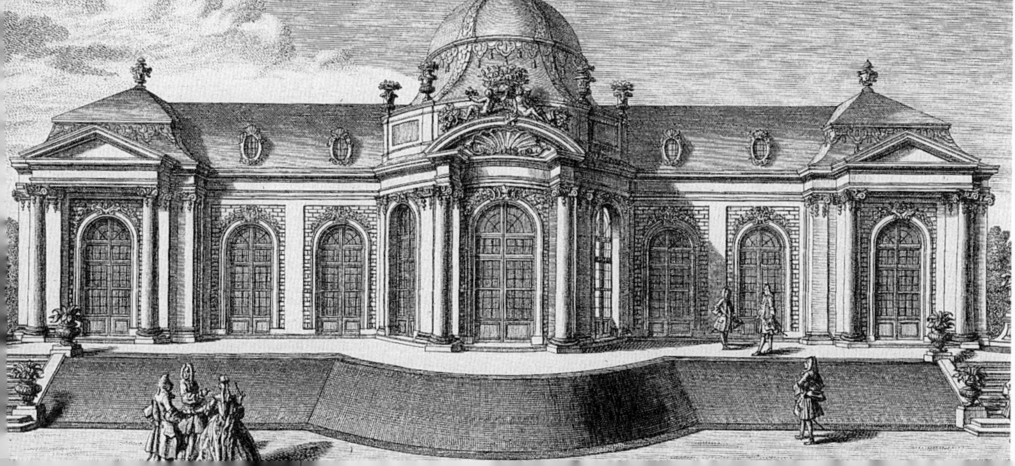

Oben: Zweigeschossiges Gärtnerhaus, Frankreich, 1855.

Rechts: Garten- und Gewächshaus aus demselben Musterbuch.

Folgende Doppelseite: Spielsaal im Beaux-Arts-Stil in Nogent-sur-Mer, Nordfrankreich, um 1880.

Victor Petit

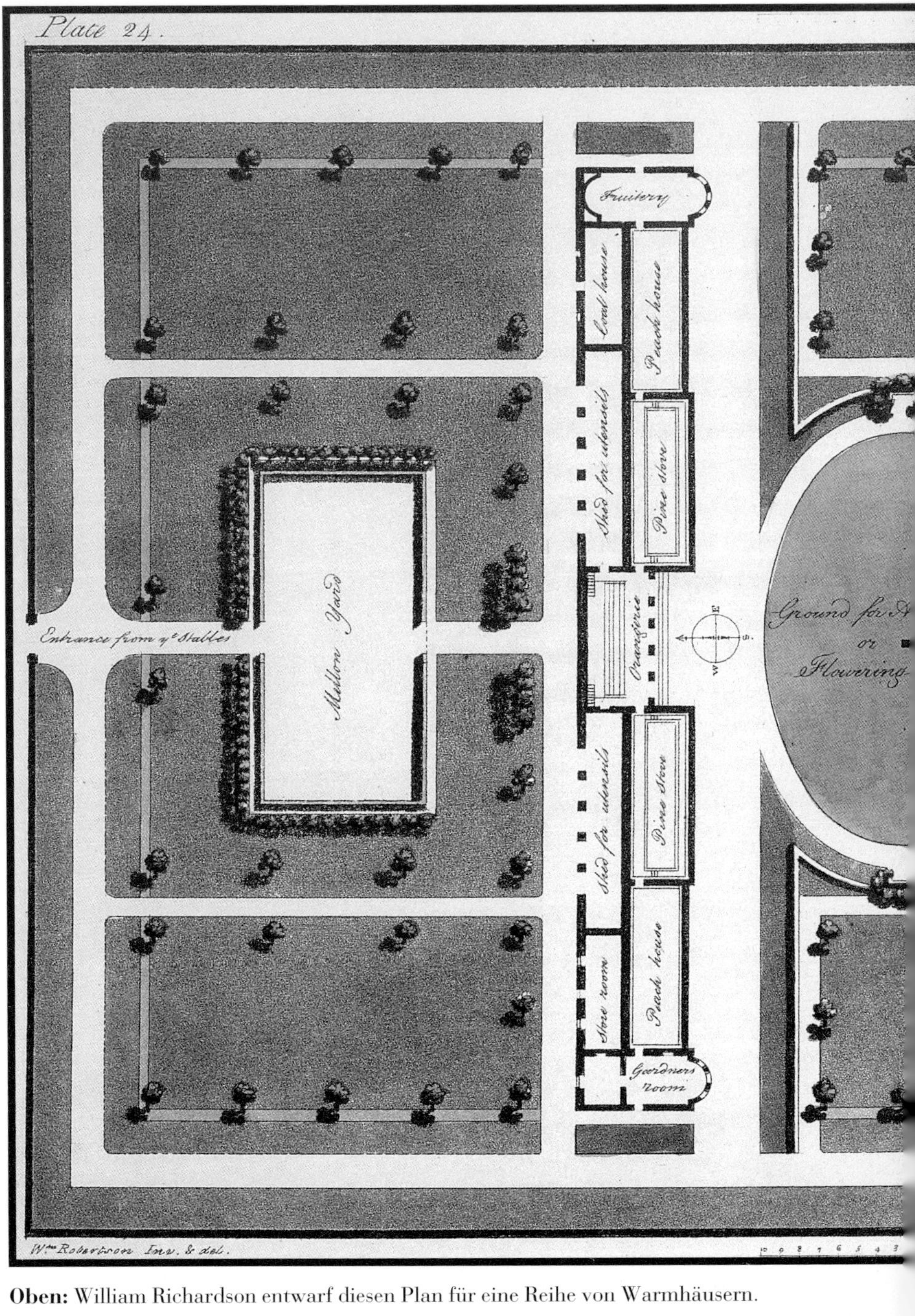

Oben: William Richardson entwarf diesen Plan für eine Reihe von Warmhäusern.

Folgende Doppelseite: In indischem bzw. hinduistischem Stil erbautes Gewächshaus in Gloucestershire.

Oben und rechts: Im mit exotischen Pflanzen reich bestückten Wintergarten der Wiener Hofburg gab sich der österreichische Adel ein Stelldichein.

Folgende Doppelseite: Entwürfe für chinesische Pagoden von Le Rouge und Sir William Chambers aus der Mitte des 18. Jahrhunderts.

Oben: Regency-Entwurf eines Badehauses mit griechischen, ägyptischen und orientalischen Elementen.

Rechts: Rustikal beeinflusste klassische Fassade eines Mausoleums (Niederlande, 1799).

Folgende Doppelseite: Der Stich von Nicolaus Visscher zeigt eine niederländische oder deutsche Grotte des späten 17. Jahrhunderts.

Oben: Zeichnung von Sir William Chambers für ein Mausoleum im Ruinen-Stil (1752).

Rechts: Eine verfallene Kapelle, die als Eremitage genutzt wird, aus einem 1799 erschienenen niederländischen Musterbuch.

Links: Entwurf des französischen Rokokoarchitekten Oppenord für einen verzierten Bogen.

Oben: Theatralisch wirkender Entwurf für einen Triumphbogen von Pietro Righini (um 1752).

Folgende Doppelseite: Massiver Bogen im Wintergarten der Wiener Hofburg.

Oben: Verzierte Bogengänge für Piazzen aus Batty Langleys Werk »Ancient Architecture Restored and Improved« aus dem Jahr 1741.

Rechts: »Abschluss eines Kanals oder Blickfang am Ende eines Ausblicks« (aus Paul Deckers d. Ä. Werk über chinesische Architektur).

Folgende Doppelseite: »Tempelruine mit Bogen« in den Gärten von Schloss Schönbrunn (Aquarell von Janscha, um 1790).

Oben: Blick von der obersten Terrasse in Shrubland Park, Suffolk (Gemälde von E. Adveno Brooke).

Rechts: Gotik, Klassik und Barock treffen in den Gärten von Castle Coombe, Somerset, aufeinander.

Vorhergehende Doppelseite: Der Druck des Parisers Abraham Bosse aus dem 17. Jahrhundert zeigt ein Paar, das mit gepflückten Blumen aus dem Garten zurückkehrt.

Links: Entwürfe von Jean Le Pautre aus dem 17. Jahrhundert für schmiedeeiserne Treppengeländer.

Oben: Die große Treppe in den Gärten der Villa d'Este (aus G. B. Faldas Gemälde »Le Fontane«, 1675–1689).

Folgende Doppelseite: Die Doppeltreppe stellt die Verbindung zwischen der höher gelegenen Terrasse und den unterhalb gelegenen Gärten im Wiener Schloss Belvedere her.

Oben: Deutsche Entwürfe für Friese aus dem Jahr 1775. **Rechts:** Der Garten von Jakob Schwind, seines Zeichens Bürgermeister von Frankfurt am Main (Stich von Merian, 1641).

Oben: Ein gerader Weg bildet die Hauptachse dieses formal gestalteten Gartens, um 1900.
Rechts: Pfade im romantischen Garten sind meist sanft geschwungen.

Oben und rechts: Der von Paul Decker d. Ä. dargestellte Garten weist normalerweise begrünte Treillage-Elemente und grüne Salons auf (um 1710).

Vorhergehende Doppelseite: Die im frühen 19. Jahrhundert vom Earl of Shrewsbury geschaffenen Alton Gardens in Staffordshire.

Unten und rechts: Selbst einfache Mauern tragen zur Ästhetik bei; dies wird an den beiden deutschen Gärten um 1820 deutlich: eine niedrige Ziegelmauer sowie die Balustrade einer Aussichtsterrasse.

Links: Die aus Gitterwerk errichtete Pergola hat die Form eines Turmes; Entwurf aus einem deutschen Musterbuch von 1799.

Oben: Das einfache Bogenspalier erinnert an einen mittelalterlichen Garten (aus »Hypnerotomachia Poliphili«, 1499).

Links: Humphry Reptons aus dem Jahr 1816 stammender Vorschlag für eine halbrunde Gusseisen-Pergola in Valley Field; Zäune und mit Gitterwerk versehene Türen sorgen für Schatten.

Oben: Diese Pergola, weiß gestrichen oder aus hellem Holz, zierte um 1850 die Gärten der Wiener Hofburg.

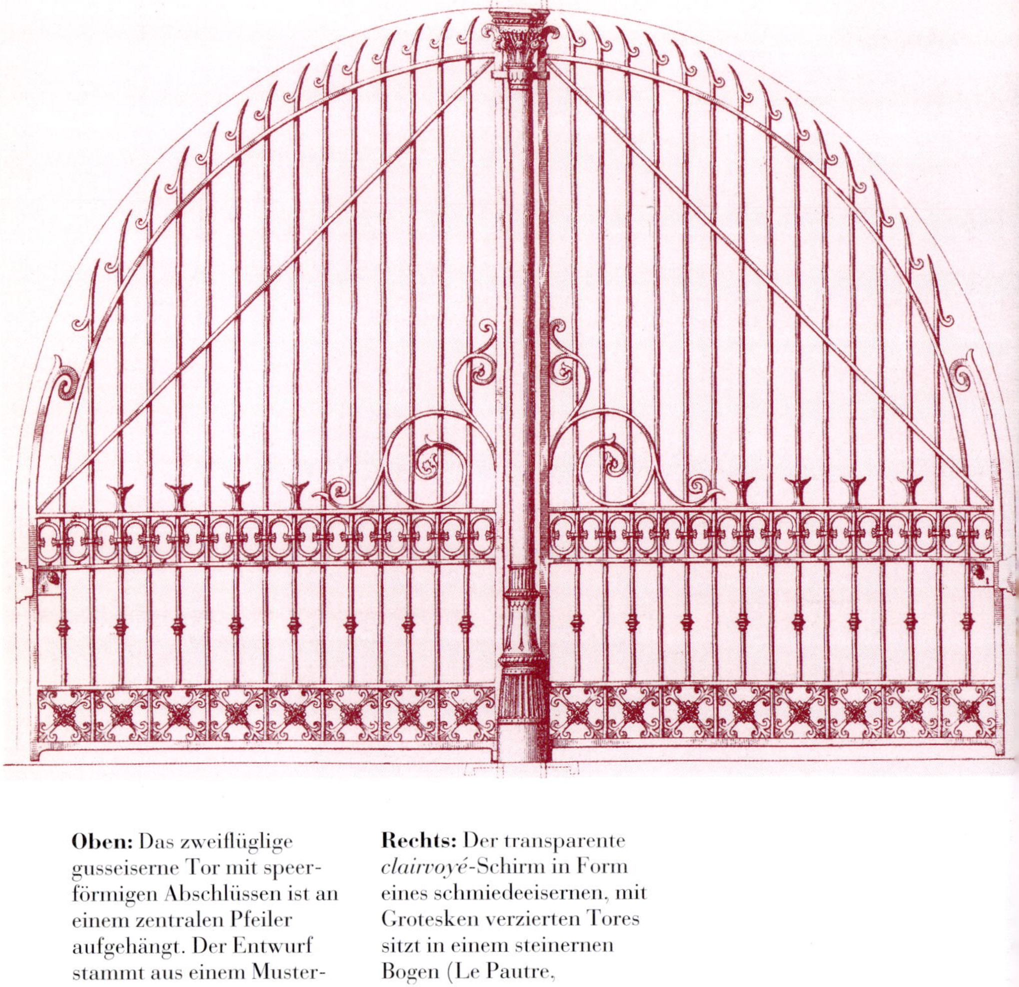

Oben: Das zweiflüglige gusseiserne Tor mit speerförmigen Abschlüssen ist an einem zentralen Pfeiler aufgehängt. Der Entwurf stammt aus einem Musterbuch um 1890.

Rechts: Der transparente *clairvoyé*-Schirm in Form eines schmiedeeisernen, mit Grotesken verzierten Tores sitzt in einem steinernen Bogen (Le Pautre, um 1660).

Oben: Eingangstor vor dem Landsitz eines wohlhabenden niederländischen Kaufmanns, um 1715.

Rechts: Das Tor zum Garten von Strawberry Hill, Horace Walpoles im Jahr 1751 begonnenem Mansion.

Folgende Doppelseite: Gusseisernes Tor vor dem Palast des Maharadschas von Kapurthala (A. Marcel, spätes 19. Jahrhundert).

COVPE VVE SVR LE CORPS
ON PRINCIPALE DE LA GRILLE

GARDE
PLAN
GVERITE
CORPS DE

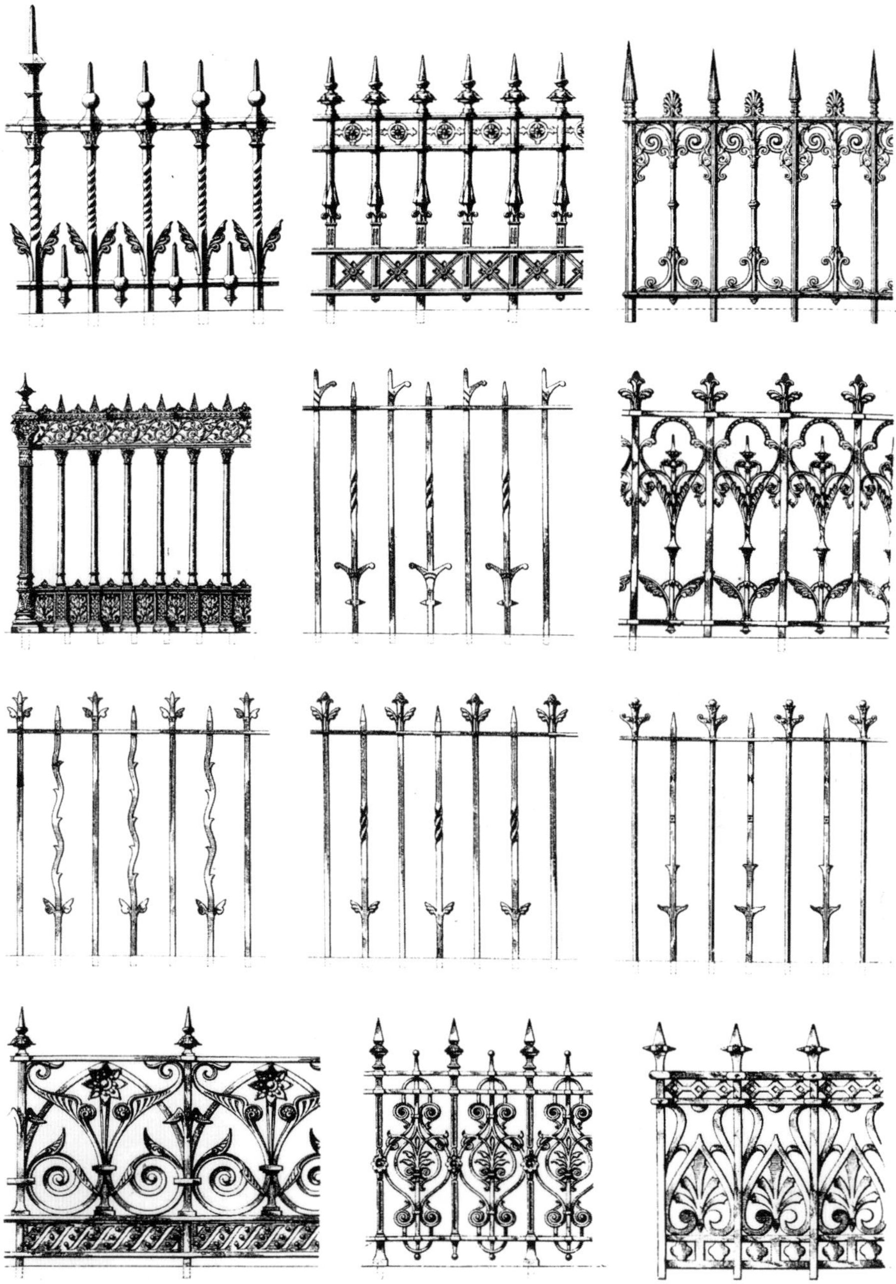

Links: Entwürfe für schmiedeeiserne Balkongitter von Jean Le Pautre, um 1660.
Oben: Design aus dem 19. Jahrhundert für gusseiserne Geländer und Brüstungen.

Ein einfacher Pfostenzaun bildet bei dieser Pension
die Grenze zum Nachbargrundstück, 1825.

LODGINGS
for
SINGLE
MEN

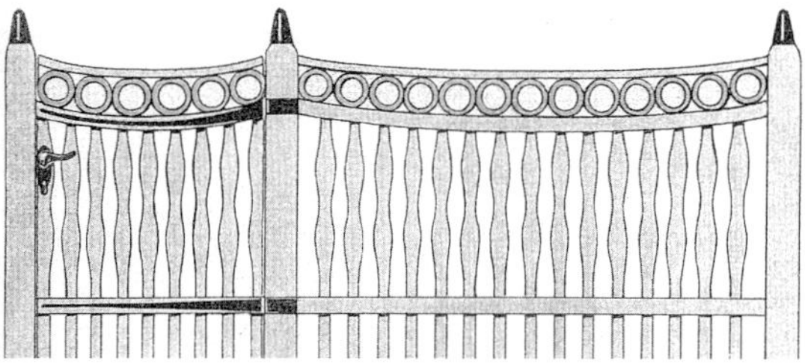

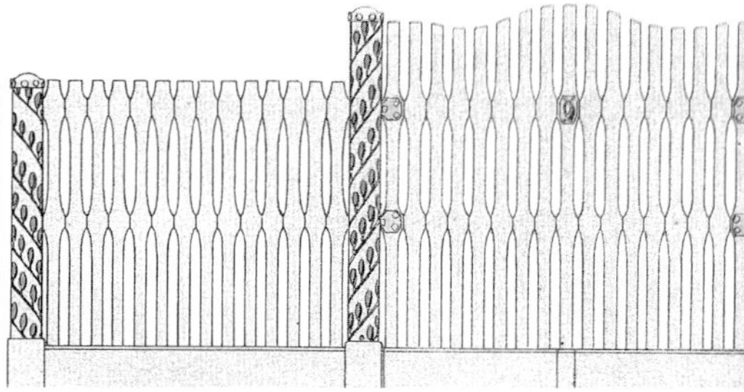

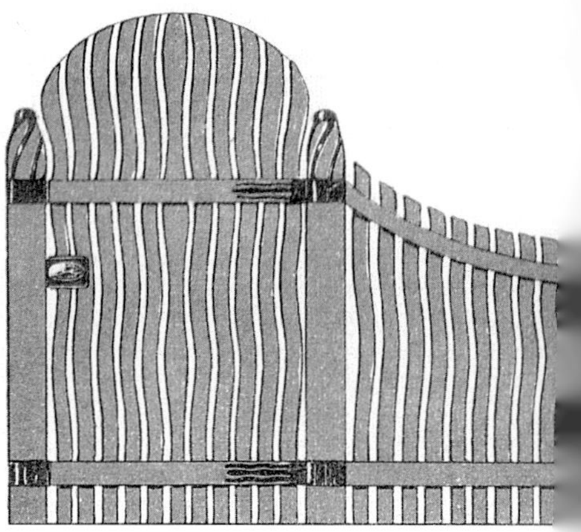

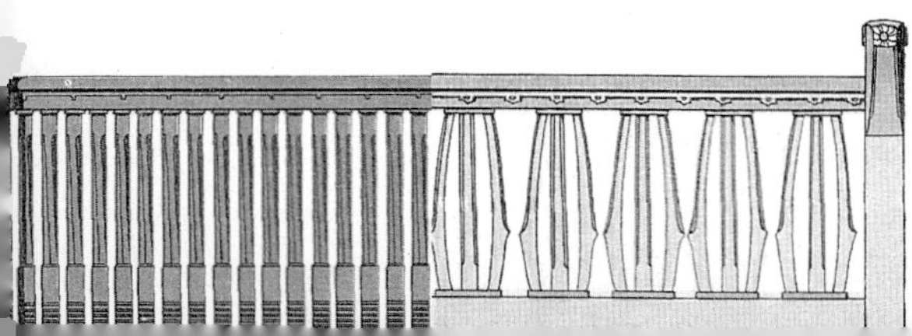

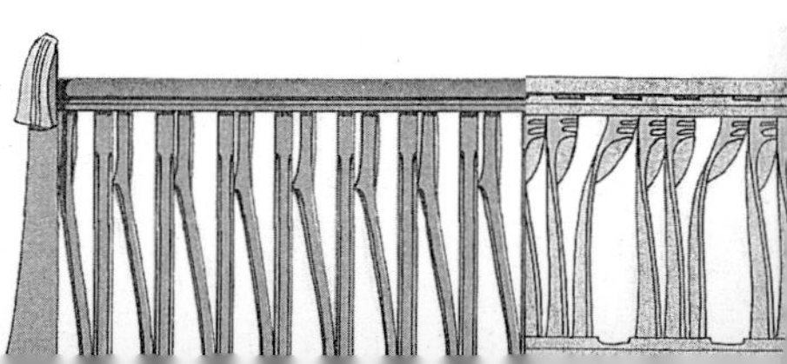

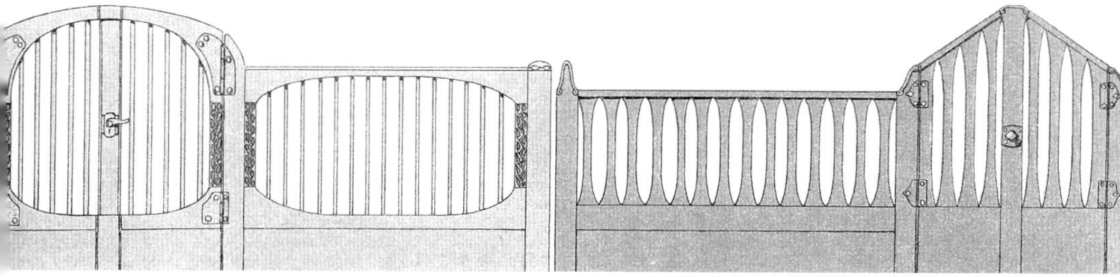

Entwürfe für deutsche Jugendstilzäune von Gertrud Kleinhempel und Otto Bauriedl (»Documents: Architecture Moderne«, um 1905).

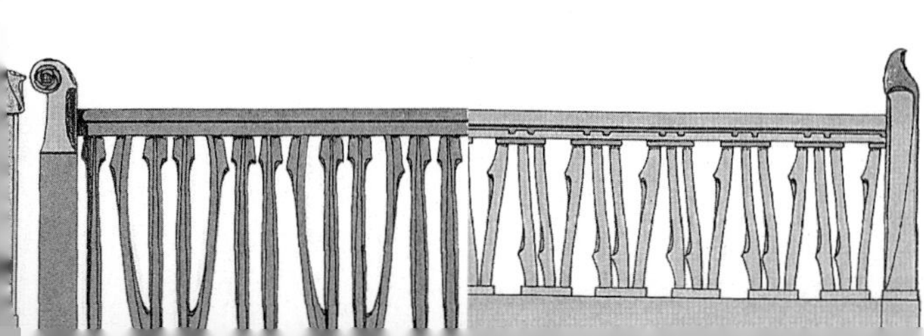

4 Accessoires im Garten

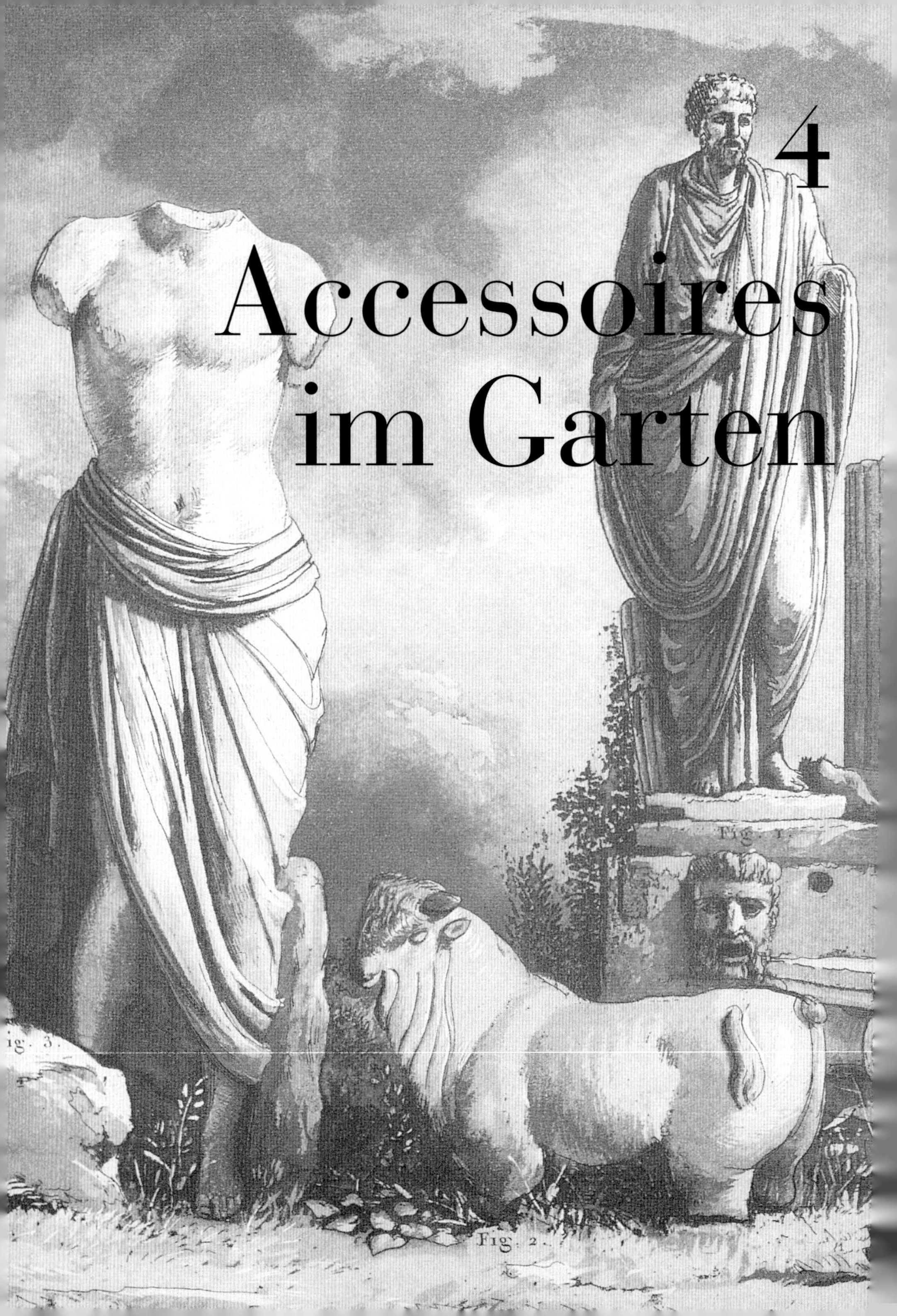

Vielseitige Gestaltung

Für einen komplett ausgestatteten Garten ist die »Möblierung« ebenso wichtig wie für das Innere des Hauses, da von hier der Blick in die Außenanlage fällt. Die Pflanzenkulisse und die architektonischen Elemente mögen noch so beeindruckend sein – erst Sitzplätze und Bänke, Statuen und Urnen geben der Fläche eine faszinierende neue Dimension und tragen zur weiteren Verschönerung bei. Im Mittelalter platzierte man in Wasserbecken Fontänen, stellte Bänke zum Verweilen auf oder ließ süß duftende, Schatten spendende Kletterpflanzen an Bäumen emporranken. Vergoldete Wappentiere auf grünweiß gestreiften Stäben wurden in den Gärten verteilt und verliehen so ansonsten eher gleichförmigen Bereichen eine vertikale Dimension – und zuweilen auch neureichen Familien den Glanz alten Adels.

Während Renaissance und Barock verbreitete sich die zunächst in Italien vorherrschende Begeisterung für Gartenskulpturen mit den ausschwärmenden italienischen Handwerkern und Architekten rasch nach Norden. Schon bald zierten Götter und Göttinnen, Nymphen, Satyre, Schäfer, Schäferinnen und zahlreiche, der realen wie der mythologischen Welt entsprungene Tiere die formalen Gärten Frankreichs, Deutschlands und der Niederlanden. Herkules, der als

Links: Detail griechischer Skulpturenfragmente (aus J. P. L. Houels »Landscapes«, um 1813).

Sinnbild für die in diesen Gärten nie endende Arbeit stand und der überdies allegorisch die Entscheidung zwischen Tugend und Laster verkörperte, zierte als Statue Gärten in ganz Europa – zum Beispiel in Form der monumentalen, von Farnese geschaffenen Herkules-Skulptur in den Gärten von Vaux-le-Vicomte in Frankreich. Goldene Statuen wie jene im prachtvollen Park von Peterhof vor den Toren St. Petersburgs fangen das Sonnenlicht auf und tauchen die herrliche Umgebung in einen goldenen Schimmer.

Im Park von Versailles vermitteln neben den Äsops Fabeln illustrierenden Skulpturen auch die von Charles Le Brun gestaltete Figurengruppen das Bild Ludwigs XIV. als Sonnenkönig. Am Ende des Kanals erhebt sich der Sonnengott Apollon aus dem Wasser, seine Mutter Latona fleht Jupiters Zorn auf die Dorfbewohner herab, die zur Strafe in Frösche verwandelt werden.

Die Materialien der Gartenausstattung reflektierten schon immer die vorherrschenden Moden sowie das jeweilige Klima. In Italien dominierte Marmor, der sich allerdings im kalten Klima nördlicherer Länder nicht bewährte. Die dort verbreiteten Steinarten sind in jedem Fall witterungsresistenter und preisgünstiger. In England war Portland-Stein am beliebtesten zur Herstellung von Skulpturen. Das preisgünstigste Material war Blei, das man in leuchtenden Farben bemalte oder es so behandelte, dass es wie Stein wirkte – man könnte es »Marmor des kleinen Mannes« nennen. Vom späten 17. Jahrhundert an waren bleierne Statuen und Urnen überaus populär. Tore, Geländer, Sitzgelegenheiten und Bänke wurden von hervorragenden Handwerkern in der Regel aus Schmiedeeisen hergestellt.

Die industrielle Revolution erschloss auch im Bereich der Gartenornamentik neue Materialien. Das filigran wirkende Schmiedeeisen wurde von dem preisgünstigeren Gusseisen abgelöst, das sich, wenn auch schwerfälliger in der Wirkung, kostengünstig in großen Mengen produzieren ließ. Die Coalbrookdale and Britannia Ironworks waren im 19. Jahrhundert der international führende Produzent, der den Markt mit Sitzmöbeln sowie einer breiten Palette an Urnen, Vasen und zahlreichen anderen Ziergegenständen belieferte.

Die französischen Eisengießereien waren für ihre Tierfiguren bekannt. Bronzeobjekte waren zwar relativ teuer, aber ausgesprochen strapazierfähig und geeignet für den Einsatz im Garten; man traf sie fast ausschließlich auf dem europäischen Kontinent und dort vor allem in Frankreich an. Nach 1760 ging man mehr und mehr zu Gartenornamenten aus Kunststein über; Stein und Zement dienten dabei als Basismaterialien. Die mittels Gussformen in Massenproduktion hergestellten Gartenornamente stießen im 19. und 20. Jahrhundert auf großes Käuferinteresse – immer mehr Menschen hatten den Wunsch, ein kleines Stück jener klassischen Vergangenheit, die in den prachtvollen Parks gegenwärtig war, in ihre eigenen bescheideneren Gärten zu holen.

Oben und rechts: Zwei Beispiele für Rundsitze (aus Charles Overs Musterbuch »Ornamental Architecture«, 1758).

An Umbrello'd Seat

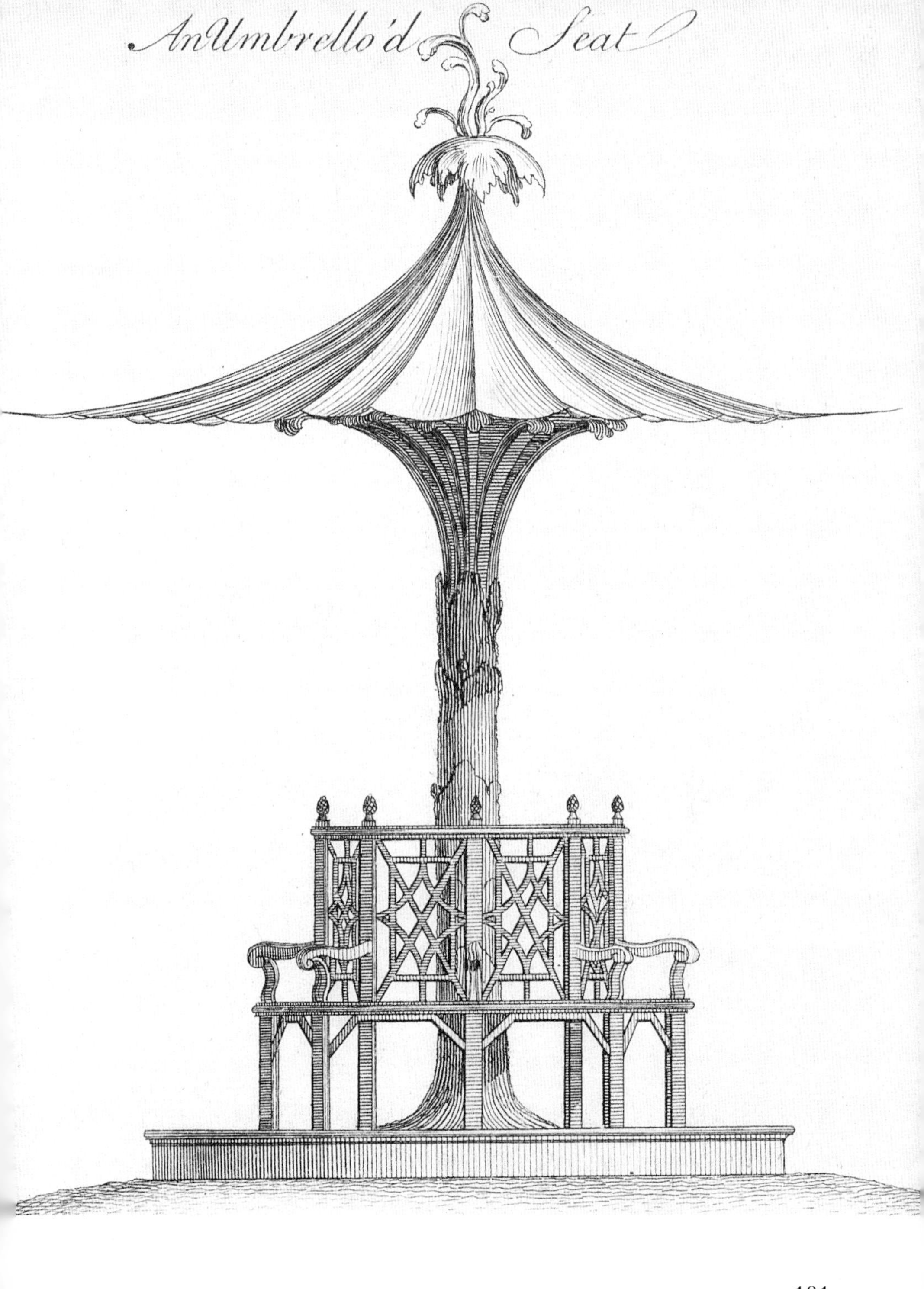

Links: Zwei Entwürfe für überschirmte Sitzgelegenheiten, die in England während des Regency sehr beliebt waren (aus Papworths »Rural Residences«).

Oben: Sitzplatz im klassischen Stil, aus einem niederländischen Musterbuch des Jahres 1802.

Vorhergehende Doppelseite: Entwürfe von C. R. Ashbee für grün gebeizte hölzerne Garten- und Terrassenmöbel im Arts-and-Crafts-Stil.

Oben: Phantasievolles Gartengebäude im gotischen Stil, das einen Grottensitzplatz zum Lesen (unten) mit einer überdachten Laube (oben) kombiniert.

Rechts: Zwei Damen plaudern auf einer grün gebeizten Gartenbank; Druck von Carmontelle.

Folgende Doppelseite: Verschiedene Gartenstühle und -bänke (aus William Wrightes »Grotesque Architecture«, 1768).

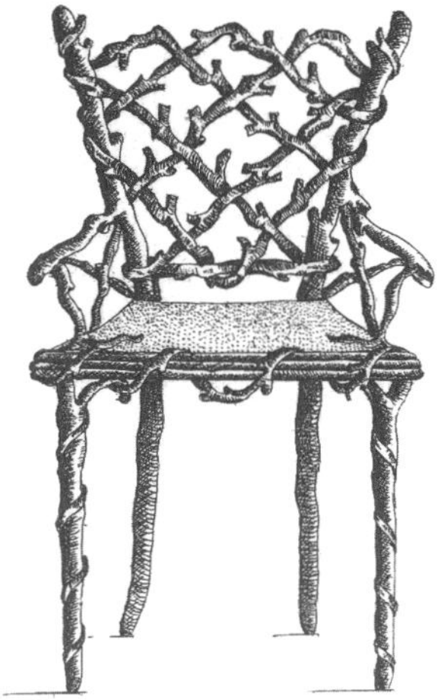

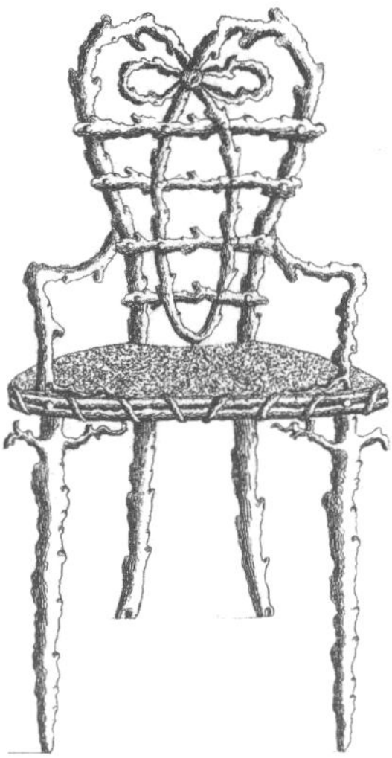

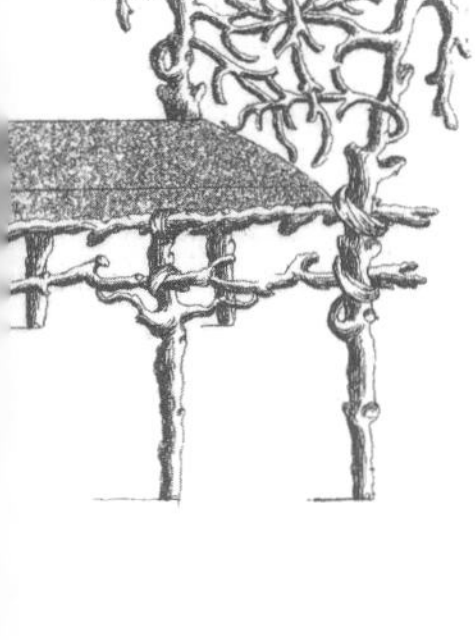

Links und oben: Klassisches Gartenzelt aus der Zeit der Mogulkaiser und zwei spätere Interpretationen.

Alcove Seat.

Links: Entwurf von Paul Decker für einen Sitzplatz aus Holz im gotischen Stil.

Oben: Französischer Entwurf für eine steinerne, mit Voluten verzierte Bank vor einer Balustrade, um 1880.

Oben: Die beiden Entwürfe für Pflanztische im Wintergarten stammen von dem Regency-Kunstschreiner George Smith.

Rechts: Französische Blumenbank aus dem 19. Jahrhundert (aus »Album de l'Industrie et des Arts Utiles«).

Oben: Niederländischer Entwurf für Tisch und Stuhl, gestaltet aus Baumstümpfen (um 1802).

Rechts: Drei Tische für Sommerhäuser aus William Wrightes Werk »Grotesque Architecture«.

Vorhergehende Doppelseite: Der Druck von Moncornet aus dem 17. Jahrhundert zeigt ein Diner im Freien – bemerkenswert ist der elegante Weinkühler.

Oben und rechts: Zwei Loggien aus Jean Boussards Zusammenstellung von nordfranzösischen Gartengebäuden (um 1880): ein Pavillon, der auf einfachen Kiefernpfeilern ruht, und eine Loggia, die von quadratischen Säulen getragen wird.

Vorhergehende Doppelseite: Der »Rustic Seat« von Shrubland Park, dem berühmten, nach italienischem Vorbild gestalteten Garten in Suffolk.

Oben und rechts: Lauben in allen Variationen: ein österreichischer Unterstand, dessen aus Baumstämmen bestehende Pfeiler ein Strohdach tragen, sowie ein gusseisernes, von Kletterpflanzen beranktes Rundbogengerüst, entworfen für Charles Barrys viktorianische Gärten von Trentham Hall.

Oben und rechts: Sommerhäuser im Loggia-Stil reichten im Regency von rustikalen, strohgedeckten Cottages bis hin zu klassisch-eleganten Gebäuden.

Folgende Doppelseite: Der Stoffentwurf im Chinoiserie-Stil zeigt einen Phantasiegarten mit geschwungener Pergola und zentralem Rundbogen.

Oben: Entwürfe für Bronzeurnen im Park von Versailles, (wahrscheinlich von Claude Ballin, 1664–1689).

Rechts: Deutscher Entwurf für ein Agrumen-Pflanzgefäß (Martin Engelbrecht, um 1735).

Oben: In den 1820ern wurden die Gärten von Wilton im damals modernen anglo-italienischen Stil umgestaltet.

Rechts: Pflanzgefäß im anglo-italienischen Stil in den Terrassengärten von Woburn, die von Repton umgestaltet wurden.

Oben: Klassische Terrakotta-Töpfe, bepflanzt mit *Cereus minimus* und *Hepatica trifolia* (Ehret, um 1745).

Rechts: Kugeliger Lorbeerhochstamm in quadratischem Holzgefäß auf Kugelfüßen – auch heute noch modern.

Oben: Aquarell-Entwurf von Sir William Chambers für eine neoklassizistische Urne.

Rechts: Drei niederländische Entwürfe (Simon Schynvoet, 18. Jahrhundert) für Gartenurnen.

Oben und rechts: Götterbüsten auf eckigen Säulen flankierten in Renaissancegärten häufig die Alleen. Die Entwürfe des 17. Jahrhunderts für Versailles zeigen Merkur, Minerva, Apollon und Daphne.

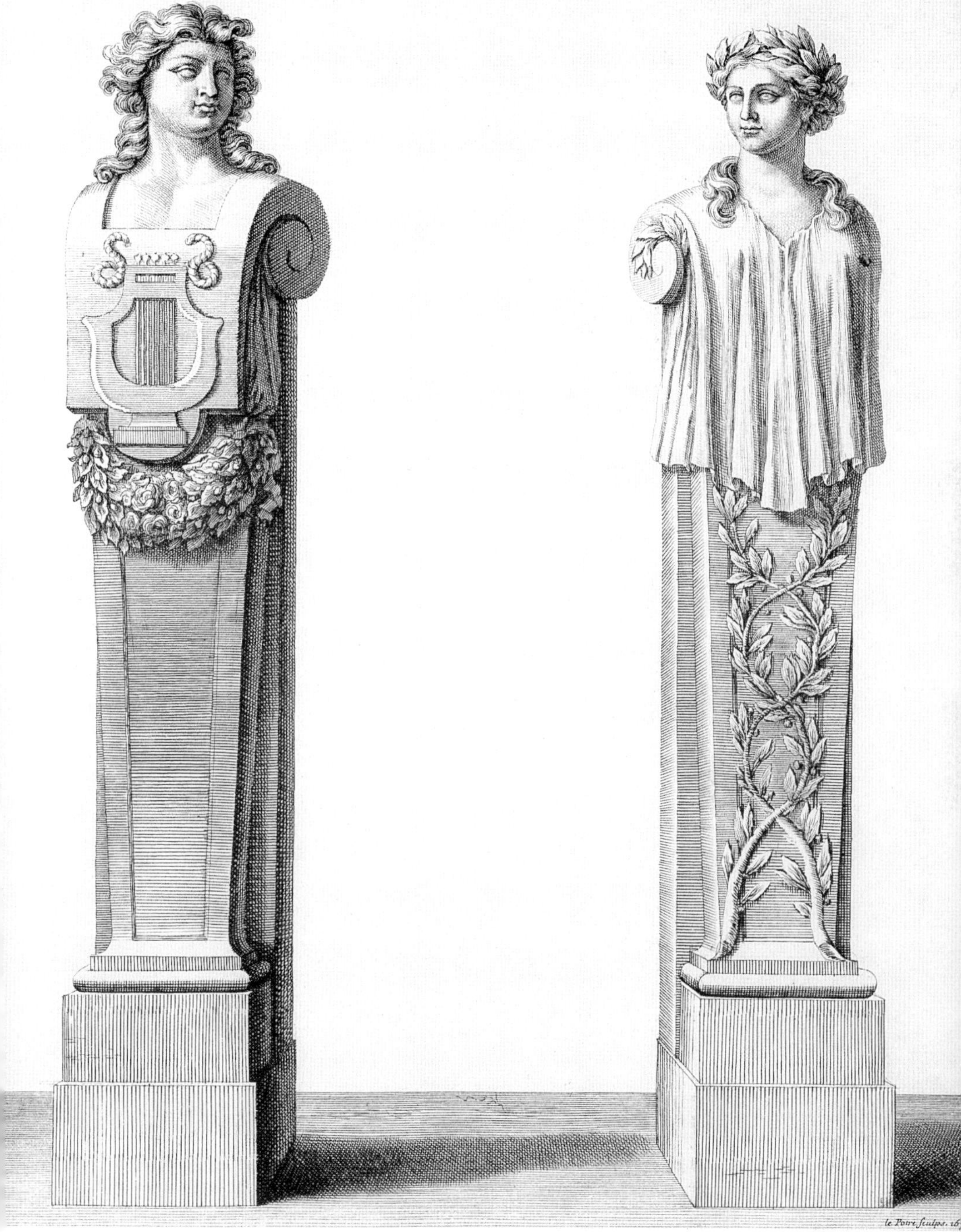
le Potre sculps. 16

Oben: Detail eines Stichs um das Jahr 1729: der Orangengarten von Chiswick House.

Rechts: Das Frontispiz von Mondons mehrbändigem, zwischen 1736 und 1749 erschienenem Werk über Rokokodesign in der Gartenarchitektur zeigt Künstler in einer imaginären Ruine.

Folgende Doppelseite: Einer von Galli da Bibienas barocken Entwürfen für Opernaufführungen und andere Veranstaltungen (um 1740).

Links und oben: Zwei riesige Satyr-Statuen zierten im Park von Versailles die Alleen in der »Wildnis«.

Links und oben: Entwürfe für marmorne Sphingen, auf denen vergoldete Bronze-Putten reiten. Aus Stein sind die mit Girlanden geschmückten Podeste (aus einem um 1690 erschienenen Werk über Versailles).

Folgende Doppelseite: Barocke Opernkulisse in einem prachtvollen, mit zahlreichen antiken Statuen bestückten Garten.

Frontispiz aus Antoine Le Pautres Werk
»Les Œuvres d'Architecture«, um 1651.

Oben: Herren auf einer sehr ungemütlichen Rokokobank im Muscheldesign (Entwurf von Jean Mondon).

Folgende Doppelseite: Als schmückendes Element im Rosengarten von Nuneham Courtney, der im 19. Jahrhundert gestaltet wurde, fungieren Amor-Statuen auf Säulen.

5

Ein Ort des Vergnügens

Erbauung und Amüsement

Der Begriff »Lustgarten« mag Bilder der lasziven nächtlichen Vergnügungen in den Vauxhall Gardens im London des 18. Jahrhunderts heraufbeschwören, doch Unterhaltung und Amüsement konnte man auch in Privatgärten erleben. Während in den weitläufigen Parks der Großstädte ein elegantes Publikum musikalische Darbietungen und Feuerwerke verfolgte, unter freiem Himmel dinierte oder romantischenp Abenteuern nachging, stattete man die Privatgärten mit Mobiliar aus, das sowohl der Verschönerung als auch dem Vergnügen diente und von Schaukeln und Wippen bis hin zu modernen Schwimmbecken reichte. Chinesische Pagoden, türkische Zelte, maurische Moscheen und Schweizer Blockhütten waren in den Gärten von Vauxhall in so großer Zahl anzutreffen wie Tennisplätze in den Privatgärten der heutigen Zeit.

Der Geist des frivolen Rokoko, der besonders für die Mitte des 18. Jahrhunderts typisch war, brachte einen Hauch von entspannter Gelassenheit in den Garten. Schaukeln und Wippen dienten dem Amüsement und sorgten zugleich für ein gewisses Maß an erotischem Kitzel, wenn die aufwirbelnden Röcke für Sekundenbruch-

Links: Dame auf der Schaukel (»Gazette du Bon Ton«, um 1920).

teile mehr Bein enthüllten, als es damals schicklich war. Die französischen Gärten von Rambouillet waren berühmt für ihre gigantischen, raffinierten, Spiel und Spaß gewidmeten Konstruktionen. In Marly amüsierte sich die Duchesse de Bourgogne königlich mit der so genannten »Roulette«, einem vergoldeten Schlitten auf Schienen, mit dem die Duchesse und ihre Hofdamen einen steilen Hang hinunter zum Schloss sausten. Die Freude an der Geschwindigkeit machte auch den »Montagne Russe« oder Rodelhang so beliebt: Nach dem Vorbild schneebedeckter russischer Hänge errichtete man in Europa künstliche Hügel und Schlittenbahnen. Im 19. Jahrhundert zählten Achterbahnen zu den Hauptattraktionen der Vergnügungsparks.

Doch auch formale Gesellschaftsspiele waren schon immer ein wichtiger Bestandteil öffentlicher und privater Parks. Mail, ein Vorläufer des Golfs, wurde in Marly bereits im 17. Jahrhundert gespielt. Die Londoner Pall Mall verdankt ihren Namen dem Spiel »Paille-maille«, einer Art Krocket. In den englischen Gärten des 17. Jahrhunderts gehörten Bowling-Bahnen fast schon zur Grundausstattung, und Bogenschießen erfreute sich sogar noch im 19. Jahrhundert außerordentlicher Beliebtheit.

Eine der wichtigsten Errungenschaften jüngerer Zeit stellten zweifelsohne Swimmingpools dar, wenngleich man schon viel früher dem Badevergnügen im Garten frönte. Im Mittelalter wurden gemeinsame Badeveranstaltungen als Form der Entspannung akzeptiert, in späteren Jahrhunderten betrachtete man den Badespaß mit misstrauischem Vorbehalt: Im 18. Jahrhundert dienten Bäder in erster Linie therapeutischen und nicht lustvollen Zwecken. Kalte Tauchbäder in Form streng gestalteter, sehr spartanisch ausgestatteter, steingefasster Becken wurden von Quellen gespeist und dicht mit Immergrünen umpflanzt, die rund ums Jahr für Schatten sorgten. Der Swimmingpool, wie wir ihn kennen, ist eine Erfindung des 20. Jahrhunderts; seine Popularität verdankt er in erster Linie dem Kult des Sonnenbadens, der in den 20er Jahren des vergangenen Jahrhunderts in Frankreich und Deutschland aufkam. Eines der ersten organisch geformten Schwimmbecken wurde von Thomas

Church entworfen und 1947 in El Novillero im kalifornischen Sonoma gebaut. Seine Nierenform wurde später als vulgär verspottet, doch der Architekt war der Meinung, sie füge sich am natürlichsten in die fließenden Formen des Gartens ein.

Schon in frühen Jahrhunderten gab es Menagerien, in denen man wilde Tiere hielt; im antiken Rom waren sie gar ein fester Bestandteil der Gärten. In Versailles befindet sich ein besonders kunstvolles Beispiel: ein achteckiger, aus schmiedeeisernen Paneelen bestehender Pavillon inmitten eines achteckig angelegten Hofplatzes. In diesem Gebäude hielt man Vögel und beispielsweise zwei Elefanten, Kamele, Straußen, Flamingos und Pinguine. Fünfzig Jahre später begründete der englische König James I. im St. James's Park seine eigene Menagerie, und auch im Park von Schloss Schönbrunn stand seit 1752 ein Gebäude zu diesem Zweck, während jenes im Pariser Jardin des Plantes aus dem Jahr 1794 stammt.

Die Mode, den Garten als Ort mannigfaltiger Vergnügungen zu betrachten, fand wohl im Versailles des 17. und 18. Jahrhunderts ihren Höhepunkt, als der Park zum Veranstaltungsort zahlreicher Feste, Empfänge und Aufführungen wurde. Unter Ludwig XIV. wurden dort Maskenbälle veranstaltet sowie Stücke von Molière und Racine, begleitet von der Musik Lullys, aufgeführt; große Bereiche des Gartens wurden für diesen Zweck in Anspruch genommen. Zu diesen Anlässen beleuchtete man den Kanal festlich, Schiffe und Miniatur-Paläste trieben auf dem Wasser dahin, und aus den Tiefen erhoben sich monumentale Seeungetüme. Das Gartentheater des Sonnenkönigs als Ort prunkvoller Festivitäten und Frivolitäten bleibt bis heute unübertroffen.

Oben: Ausgeklügelte Schaukelkonstruktion mit langen Seilen und Umlenkrollen in Rambouillet nahe Paris.

Rechts: Eine etwas ängstliche Dame in einer Stuhlschaukel (französischer Modedruck von Delacourt, frühes 19. Jahrhundert).

Oben: Stuhlschaukel in einem Kirschbaum (»Bon Genre«, um 1810).

Rechts: Einfachste Form der Schaukel (französischer Modedruck, um 1920).

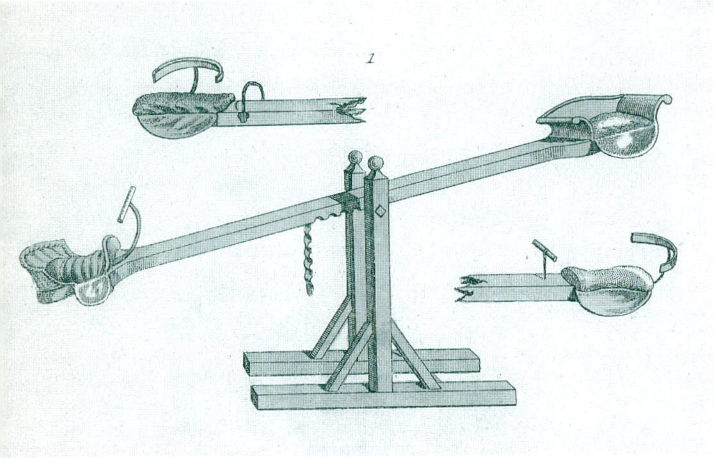

Oben: Hölzerne Wippe aus einem niederländischen Musterbuch des Jahres 1802.

Unten: Entwürfe für Schaukeln mit Gestellen aus demselben Musterbuch.

Rechts: Schaukelsitz unter einem chinesischen Zeltdach (1799).

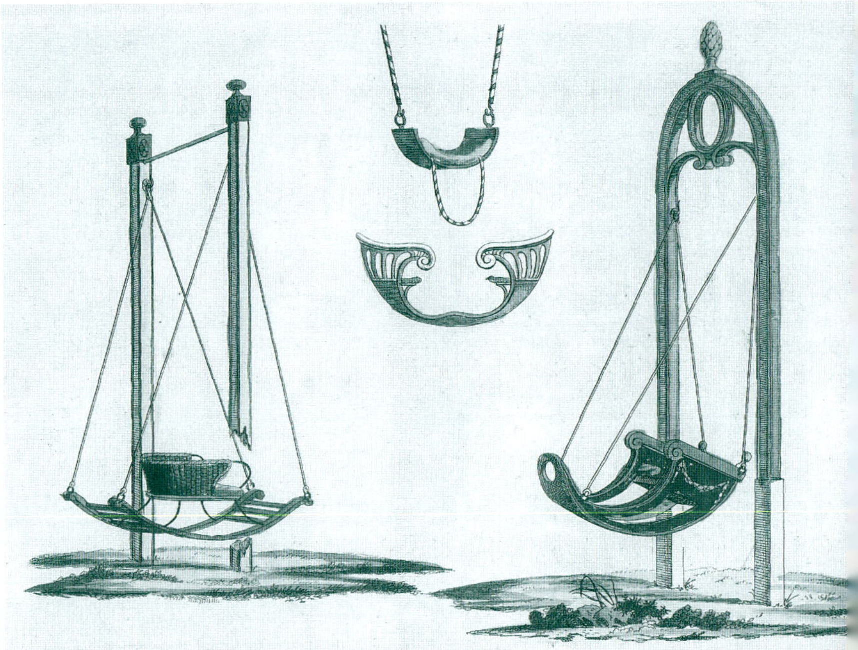

Folgende Doppelseite: Die »Montagne Russe« (Russischer Berg), die Achterbahn in einem Pariser Vergnügungspark (L. Garneray, frühes 19. Jahrhundert).

Oben: Deutscher Entwurf um 1800 für ein Miniatur-Karussell mit Sitzen für zwei Mädchen und Auslegern für abenteuerlustigere Buben.

Rechts: Einfache Riesenrad-Konstruktion mit Gondeln aus Korbgeflecht; der Antrieb erfolgte mittels einer Winde (um 1800).

Links: Belvedere mit Plattform und Stufen hinunter zum Steg.

Unten: Mit Stroh gedeckter, nach vorne offener Unterstand; beide Gebäude stammen aus Victor Petits »Habitations Champêtres«, um 1855.

Oben und rechts: Zwei Entwürfe für ländlich-rustikale Ufer-Pavillons von Victor Petit: Der eine dient als Anlegestelle und Bootshaus, während die Fachwerk-Konstruktion mit dem ungewöhnlichen, sechskantigen Dach als Aussichtshäuschen genutzt wird.

Oben: Blütezeit des Rokoko: Von dem ägyptisch inspirierten Belvedere überblickt man den künstlich angelegten See von Steinfort; das Bild von Le Rouge zeigt außerdem eine Drahtseil-Fähre im chinesischen Stil sowie eine »kantonesische« Dschunke.

Rechts: Eine gondelähnliche Punte mit chinesisch inspiriertem Baldachin.

Oben: Badekleid aus der »Gazette du Bon Ton«, 1913.

Rechts: Durch eine halbrunde Aussparung in der akkurat gestutzten Hecke, ein so genanntes *clairvoyé*, wirft der Spaziergänger einen Blick auf die badenden Schönen (»Galérie des Modes«, um 1920).

Oben und rechts: In der Renaissance und im Barock sorgten die Gartengestalter oft in Form von neckischen Wasserspielen für Amüsement: so wurden Passanten von einem Wasserstrahl nass gespritzt, den sie unwissentlich selbst auslösten (aus Faldas »Le Fontane«).

Folgende Doppelseite: Die Gesellschaft steigt vor dem Haus am Fluss in den gondelähnlichen Pferdeschlitten (Stich von Lannesin nach Watteaus Gemälde »L'Hiver«).

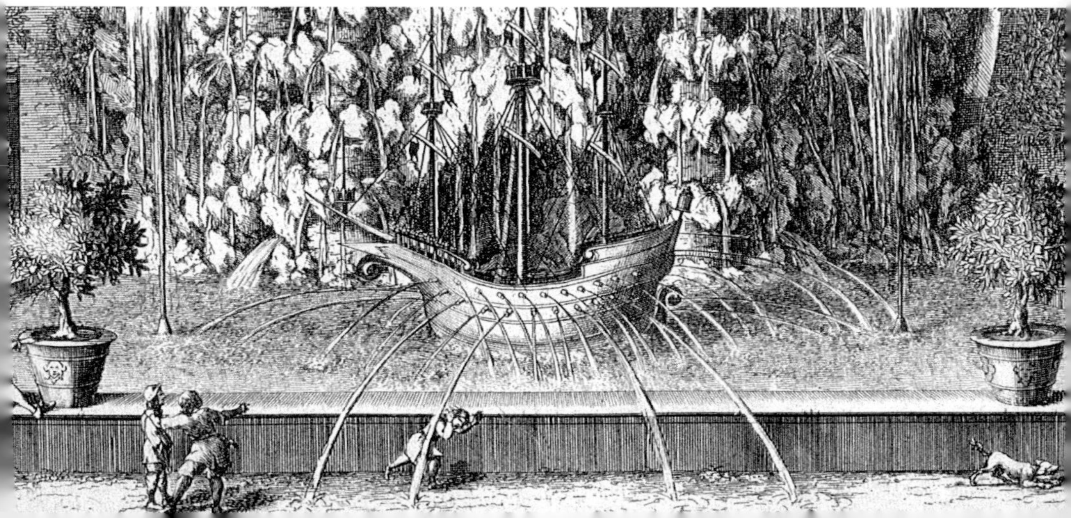

Ein Junge lenkt den Hundeschlitten, in dem sein Bruder und das Kindermädchen sitzen (deutscher Druck aus dem frühen 18. Jahrhundert).

Oben: Thomas Mawson entwarf diesen Kricketpavillon für Thornton Manor in Westmoreland.

Rechts: Als Schießstand genutzte Pavillons bei Schloss Favorita (Salomon Kleiner, um 1720).

Oben: Kegelbahn aus einem deutschen Musterbuch (1799) mit gotisch inspiriertem Zaun.

Rechts: Zwischen zwei Zierfiguren im Chinoiserie-Stil des Rokoko ist eine dekorative Schaukel aufgehängt (aus Le Rouges »Jardins Anglo-Chinois«).

Oben und rechts: Observatorien in Form von Belvederes und Lauben waren im 18. und 19. Jahrhundert in vielen Gärten zu finden. Hier zwei französische Beispiele aus der Mitte des 19. Jahrhunderts in Victor Petits ländlich-rustikalem Stil.

Folgende Doppelseite: Eine kleine Gesellschaft betrachtet durch ein Teleskop die Umgebung, in der Ferne angeln einige der Herren im Weiher.

Oben: Laube mit Treppe im Innern des Stützpfeilers. Von der Plattform aus genießt man den Blick über den See im Park von St. Denis, Paris (um 1880).

Rechts: Eine Dame winkt von der Balustrade (»Gazette du Bon Ton«, 1913).

Folgende Doppelseite: In der Umgrenzungsmauer eines französischen Landsitzes ist ein Gartenhaus eingelassen (Boussards Werk, um 1880).

MACHINE
VAPEUR

Oben und rechts: Die Abbildungen aus der »Gazette du Bon Ton« zeigen die Gäste einer privaten Aufführung sowie eine Dame, die die Treppe zum Garten hinabschreitet – zu einem Rendezvous?

Folgende Doppelseite: Nächtliche Veranstaltung inmitten eines »grünen Salons« in Versailles zur Zeit des Sonnenkönigs.

6 Wasser im Garten

Ein Element voller Vitalität

Wasser macht den Garten lebendig, ohne dieses Element würden die Pflanzen sterben. Doch Wasser ist mehr als nur ein Lebenselixier für Blumen und Bäume: Wasser glitzert und glänzt, wenn es in Form einer Kaskade in die Tiefe stürzt; es plätschert und gurgelt, wenn es als Bach zu Tal rauscht oder über eine Wassertreppe hinabrieselt – Auge und Ohr werden gleichermaßen erfreut. Wasser im Garten übt eine anregende, ja sogar erregende Wirkung aus, kann aber auch entspannen und beruhigen, für inneren Frieden sorgen. Schon sehr früh haben Gärtner und Gartengestalter mit dem Element Wasser experimentiert und gespielt, um eine Vielzahl von Effekten zu erzielen.

Bewegtes Wasser regt an: Springbrunnen, Fontänen, Wasserläufe und Kaskaden stimulieren die Sinne. Den Gestaltern der indischen und der islamischen Gärten waren diese Eigenschaften durchaus bewusst: Sie konzipierten in Marmor gefasste Wasserfälle, die von einer Stufe auf die nächste plätscherten und die so ausgerichtet waren, dass sich das Sonnenlicht in der Wasserfläche fing und reflektiert wurde. Nachts stellte man hinter der hinabstürzenden Kaskade Kerzen auf, um eine effektvolle Illumination zu erreichen.

Links: Pluto und Proserpina stehen im Mittelpunkt dieses Brunnens im Park des österreichischen Schlosses Belvedere.

Im Garten der italienischen Villa d'Este besticht das Wasser der Fontana dell'Ovato durch seine Massen und seine Komplexität, während der Betrachter in Caserta staunend und überwältigt vor der monumentalen Kaskade steht, die sich in Richtung des Schlosses ergießt. Auch die französischen Gärtner und Gestalter von Versailles und Vaux-le-Vicomte entwickelten eine überwältigende Fülle an prächtigen Fontänen in allen nur erdenklichen Formen. In den Gärten von Peterhof in der Nähe von St. Petersburg ergießt sich der Strahl in marmorne Becken und wird dann durch vergoldete Figuren hinauf zum Himmel katapultiert, bevor er in einen Kanal abfließt, dessen Verlängerung in den Finnischen Meerbusen mündet.

Auch die mechanisch nutzbare Wasserkraft wurde zur Verschönerung der Gärten genutzt. In den berühmten italienischen Barockgärten löste der hydraulische Druck Automatismen aus und sorgte für Überraschung und Erstaunen, manchmal auch Schrecken der Anwesenden. Vögel begannen zu zwitschern, Wasserorgeln ertönten oder unvermutete Wasserstrahle bespritzten ahnungslose Gäste. In jüngerer Zeit setzte man Wasser ein, um gleichsam Abschirmungen, als Sichtschutz der Badenden, zu schaffen oder um Skulpturen in einen Wassermantel zu kleiden – eine Raffinesse, die man in den Gärten der indischen Mogulkaiser abgeschaut hatte.

Unbewegtes Wasser wirkt beruhigend und erfrischend. In islamischen Gärten findet man bis zum Rand gefüllte riesige Wasserbecken, in denen sich die prachtvollen Bauwerke der Umgebung spiegeln. Gertrude Jekyll, die berühmteste englische Vertreterin der Arts-and-Crafts-Gärtner, ließ sich von der südspanischen Alhambra inspirieren; der Gartenarchitekt Sir Edwin Lutyens kreierte maurische, an zwei Seiten von überdachten Wandelgängen gesäumte Wasserbecken. Das berühmte Versailler Parterre d'Eau unmittelbar vor dem Schloss besteht aus zwei großen, spiegelähnlichen Wasserflächen, die die prachtvolle Fassade des Schlosses reflektieren. Die Wasserkanäle so vieler niederländischer und niederländisch inspirierter Gärten haben denselben Effekt: Sie sorgen für eine konstante Atmosphäre des Friedens und der Ruhe.

In den Gärten des English Landscape Movement des 18. Jahrhundert vereint sich bewegtes und ruhendes Wasser auf phantasievolle Weise. Natürlich wirkende Seen erstrecken sich über weite Flächen; auf ihrer still daliegenden Oberfläche spiegeln sich Tempel, auf einer Insel aufgestellte Urnen, vielleicht sogar eine Grotte. Oft wurde das Wasser dann so geführt, dass es sich über eine spektakuläre Kaskade in einen weiteren See ergoss; auf diese Weise war für dramatische Wirkung und Abwechslung ähnlich wie in den meisten italienischen Gärten gesorgt. In Chatsworth, Derbyshire, ist ein Wasserspiel der besonderen Art zu bestaunen: Der erste Herzog von Devonshire ließ südlich seines Hauses einen Kanal anlegen, dessen Wasseroberfläche das Haus ähnlich wie ein Spiegel reflektierte. Öffnet einer der Gärtner mit dem riesigen Schlüssel ein Ventil, so schießt der Strahl der so genannten Emperor Fountain rund dreißig Meter hinauf in die Höhe und zerstört die Reflexion innerhalb von Sekundenbruchteilen.

LES III. FONTAINES.

Links: Die Wasserspiele von Versailles zählten zu den Lieblingsvergnügungen des Sonnenkönigs: Dominic Girard, der Erschaffer dieses Stichs aus dem Jahr 1714, war der leitende Brunneningenieur.

Oben: »Esprit de Valeur« im Zentrum eines Versailler Springbrunnens (um 1670).

Oben und rechts: Amor-Brunnen mit Rocaille-Orrnamenten. Muscheln, Amoren, Delfine und Lyren zählten damals zu den beliebtesten Motiven (aus einer mehrbändigen Reihe über Versailles, um 1670).

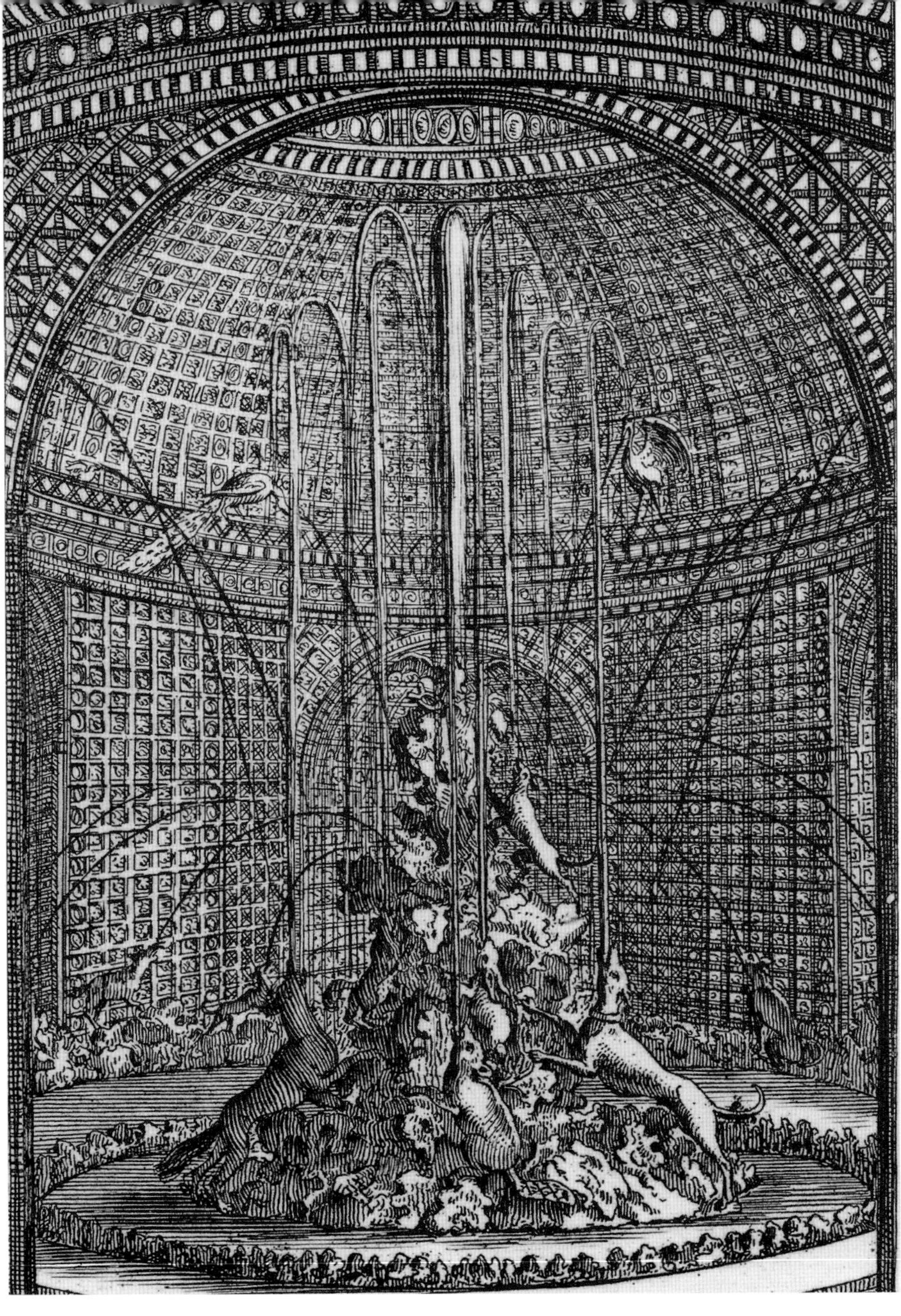

Oben und rechts: Im Versailler Labyrinth aus Buchs und Treillage-Elementen sind an den Knotenpunkten Brunnen mit Tieren aus Aesops Fabeln aufgestellt. 1770 hielt Daniel Bellamy Sr. sie in »Ethic Amusements« fest.

Oben links: Detail des Versailler Venus-Springbrunnens, von Girard.

Oben rechts: Entwurf für einen Rokokospringbrunnen von Jean Mondon d. J.

Rechts: Entwurf für einen Barockspringbrunnen im italienischen Stil von Jean Le Pautre (Paris, um 1661).

Vorhergehende Doppelseite: Der so genannte Hundertbrunnenweg verläuft entlang der Hauptachse der Villa d'Este in Tivoli (aus Faldas »Le Fontane«).

Der runde See von Versailles war bei den Höflingen von Ludwig XV. ein beliebter Treffpunkt.

Oben und rechts: Meeresgötter und andere Wasserwesen – seltsam geformte Fische und Delfine – gehörten sowohl im 17. als auch im 18. Jahrhundert zu den beliebtesten Ziermotiven von Springbrunnen.

B
A
C
D

Links: Drei Entwürfe für Springbrunnen, die als Mittelpunkt eines Wasserbeckens gedacht sind (»Den nederlandschen Howenier«, 1668).

Oben: Die Göttin Arethuse vor dem Idealbild eines Gartens (um 1736).

Folgende Doppelseite: Die »rustikale Fontäne« im Garten der Villa Aldobrandini, Frascati (aus Faldas »Le Fontane«).

APPARTEMENS VERTS ET P
Fontᵉ d'Arethuſe

PARTIE HAUTE DE LA RIVIERE.

PARTIE BASSE DE LA RIVIERE.

Vorhergehende Seiten: Details aus den Plänen für die Wasseranlagen des Château de Marly.

Oben und rechts: Malerische künstliche Wasserflächen in den englischen Parks des 18. Jahrhunderts: der künstliche See mit Kaskade von West Wycombe (Stich von Woolett, 1757) und der Wasserfall in Bolton Park auf dem Anwesen von Lord Burlington in Yorkshire.

Folgende Doppelseite: Die Kanäle eines islamischen Gartens haben symbolischen Charakter (Stich von Babars Grab aus Atkinsons Werk »Afghanistan«, 1842).

Unten und rechts: Zwei Kaskaden von D. Girard für Le Nôtres »Wassertheater« in Versailles; die Große Kaskade befindet sich in einem Amphitheater.

Links: Besucher vor dem Brunnen der Diana und des Apollon (aus »Plans, Profils de Versailles«, um 1715)

Oben: Der Brunnen des Poseidon und der Thetis im Wiener Schloss Belvedere (aus Kleiners Arbeiten, um 1730). Die Nymphe Thetis, Geliebte von Zeus und Poseidon, war die Mutter des Achilles.

Vorhergehende Doppelseite: Der See von Stourhead soll den See Avernus symbolisieren, über den Äneas zum Hades segelte (Aquarell von W. C. Bamfylde, um 1780).

Links: Ein formal gehaltener Teich vor dem Pavillon in Brighton; der Stich von Stadler, der dem Prinzregenten zum Geschenk gemacht wurde, wurde in Reptons 1808 erschienenem Buch veröffentlicht.

Oben: Der Grand Canal in Fontainebleau (Stich von I. Tinney, 1794). Kanäle sind ein aus den Niederlanden stammendes Gestaltungselement, das auch in Frankreich begeistert aufgegriffen wurde.

Oben: Ein runder Seerosenteich mit einer Einfassung aus Ziegeln und in Mustern gelegten Pflastersteinen (französischer Entwurf, um 1920)

Rechts: Pavillons mit Zwiebeltürmen, eine überdachte Loggia und ein Arkadengang umrahmen einen quadratischen Teich (aus Reptons Werk »Red Book«).

Vorhergehende Doppelseite: Der Teich von Sezincote mit einem dem Sonnengott Suriya geweihten Tempel (Radierung von John Martin, 1817).

Oben: Landschaftsgarten um 1752 mit Fluss und Grotte.

Rechts: Ausschnitt aus einem um 1890 entstandenen Plan von Thomas Mawson für den Garten von Lord Lever in Westmoreland.

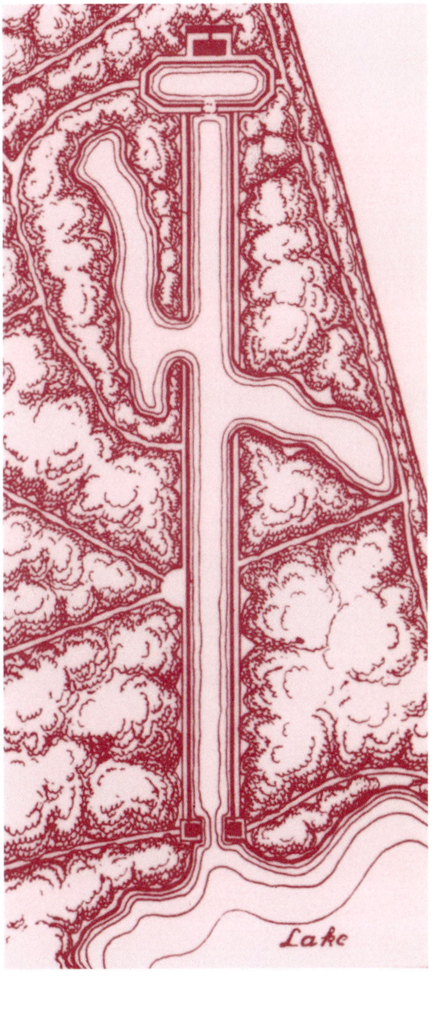
Lake

Oben: Der Brunnenhof der Alhambra, des maurischen Königspalastes im spanischen Granada.

Rechts: Durch den Löwenhof der Alhambra verläuft ein schmaler, wassergefüllter Kanal.

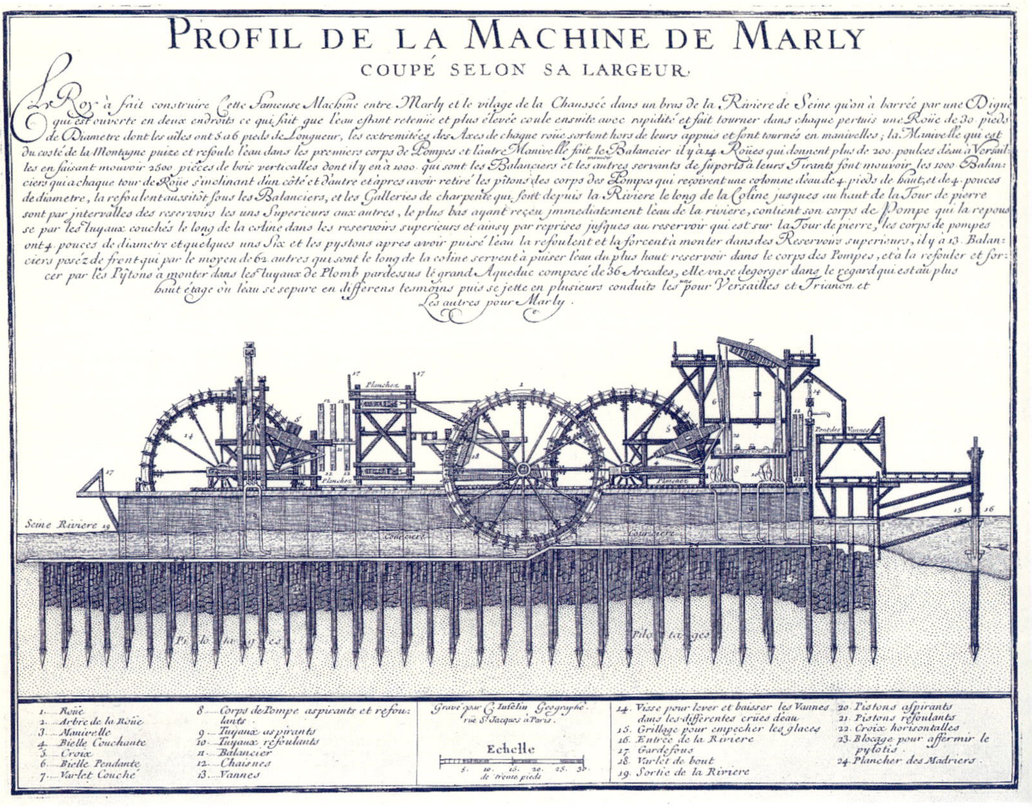

Oben: Eine Maschine beförderte im Park von Marly Wasser aus dem Fluss hinauf zu den in den Gärten installierten Wasserspielen.

Rechts: Pumpbrunnen, aus dem zwei maurische Diener Wasser fördern (Stich von Jacob Schübler, frühes 18. Jahrhundert).

Vorhergehende Doppelseite: Blick durch den maurischen Baldachin auf den Löwenhof und den Löwenbrunnen der Alhambra (Stich von S. Porter nach J. C. Murray, 1815).

7 Der Nutzgarten

Für Küche und Vorratskammer

Der Küchengarten dient einem ganz anderen Zweck als der Lustgarten, gleichzeitig komplettiert er ihn. In diesem ganz praxisorientierten Nutzbereich wird Obst und Gemüse für den späteren Verzehr angebaut, werden Fische gehalten, Wäsche aufgehängt und Küchenkräuter gepflanzt. Die Anfänge des Küchengartens, der oft als typisches Merkmal des Gartens im 19. Jahrhundert betrachtet wird, gehen mehrere tausend Jahre zurück. Schon die alten Ägypter beschäftigten trotz ihrer ausgesprochenen Vorliebe für Zieranlagen Gärtner, die sich ausschließlich der Kultivierung von Blumen und Kräutern widmeten, die in Medizin, Kosmetik sowie im kulinarischen Bereich verwendet wurden.

Im Mittelalter erörterten zahlreiche Pflanzenbücher die Kultivierung von Wein, Kräutern und anderen Nutzpflanzen, während Ziergärten nur eine untergeordnete Bedeutung zukam. Ganz besonders wichtig war der Weinanbau – selbst in England erzeugte man einen trockenen Weißwein, der in andere europäische Länder exportiert wurde. Bis zu Beginn des 18. Jahrhunderts beanspruchten Weinberge in Westeuropa einen bedeutenden Teil der Anbaufläche, und

Links: Ausschnitt aus einem Stich von Pieter Breughel d. Ä.: Familie bei der Gartenarbeit, um 1570.

der Weinbau stellte einen wichtigen landwirtschaftlichen Faktor dar. In Frankreich kam dem eigentlich schlichten, einfachen Küchengarten, dem so genannten *potager*, besondere Bedeutung zu: Durch den Potager du Roi von Versailles unter der Leitung von Jean de la Quintinie, Verfasser des Werkes »Instructions pour le jardin fruitier et potager«, wurde ein Revival der dekorativen Küchengärten, in denen Ziergemüse und Blumen Seite an Seite mit Nutzpflanzen wachsen, in Gang gesetzt. De la Quintinie hatte außerdem dafür zu sorgen, dass das ganze Jahr über Schnittblumen für das Schloss zur Verfügung standen, die für den Schmuck der Innenräume gebraucht wurden. Der Garten des Grand Trianon war deshalb voller exotischer, süß duftender Blumen, die von einer ganzen Armee von Gärtnern in weitläufigen Gewächshäusern gehegt und gepflegt wurden.

Im Laufe der Jahrhunderte wurden am Küchengarten vielen Veränderungen und Verbesserungen vorgenommen. Man umgab ihn mit Mauern, um Schädlinge fern zu halten; später integrierte man Heizröhren in die Mauern, um so genannte »warme Wände« zu schaffen, die das Gedeihen von Pfirsichen und Aprikosen und anderen besonders wärmeliebenden Obstsorten förderten. Die Mauern wurden im Zickzackmuster erbaut, damit sie mehr Fläche boten, die zu demselben Zweck die Sonnenwärme bündeln und speichern konnte. Natürlich war den Gärtnern schon sehr früh bewusst, dass man für die Kultivierung von Zitrusgewächsen und anderen exotischen Pflanzen insbesondere im Winter für Wärme zu sorgen hatte; doch die Bedeutung von Licht wurde lange Zeit unterschätzt. Leider fielen zahlreiche der frühen eleganten Gebäude wie beispielsweise die anmutigen Orangerien des 18. Jahrhunderts mit ihren langen Fensterfluchten und den hohen, geschwungenen Türen der industriellen Revolution zum Opfer, denn nun konnte man wahre Paläste aus Eisenkonstruktionen und Glas sowie seriengefertigte Wintergärten errichten.

Seine Blütezeit erlebte der Küchengarten im 19. Jahrhundert, als die Kataloge der Saatgutlieferanten ebenso begierig studiert wurden wie die Prospekte über Werkzeuge und sonstiges Zubehör, das von

Hippen bis hin zu Rasenmähern reichte – letztere übrigens eine Erfindung eines gewissen Mr. Budding im Jahr 1832. Dann allerdings verlor der Küchengarten an Bedeutung: Die Arbeitskosten stiegen und die Gärten wurden einfacher und effizienter gestaltet oder – im schlimmsten Fall – aufgelöst und bebaut. In den letzten zwei, drei Jahrzehnten ist jedoch wieder ein stetig wachsendes Interesse an Nutzgärten zu verzeichnen, das teilweise vielleicht eine Modeerscheinung sein mag, teilweise aber auch auf dem Wunsch nach Obst und Gemüse beruht, das nicht mit Insektiziden oder Herbiziden in Berührung gekommen ist: Die Gärtner des 21. Jahrhunderts entdecken die Methoden des 16. Jahrhunderts neu.

Folgende Doppelseite: Die prachtvolle Orangerie des Wiener Schlosses Belvedere wird für den Sommer abgebaut, um 1728.

Oben und rechts: Die beiden Stiche stammen aus Ferraris Werk »Hesperides«, einem im Jahr 1646 erschienenen Bericht über die Gärten der Villa Aldobrandini des Kardinals Pio: terrassenförmig angelegte, beheizte Gewächshäuser, deren Dächer im Sommer entfernt werden konnten, und ein gewölbeartig konstruiertes Treibhaus mit Sprossengittern und Holzläden.

457
ALDOBRANDINORVM
CELLA TVSCVLANA
TVTANDIS PER HIEMEM
AVRANTIIS

Oben und rechts: Jan Commelyns niederländische Variante von Ferraris »Hesperides« für kühleres Klima aus dem Jahr 1676: Die Bäume werden im Sommer hinaus in den Park getragen; die Familie samt Hunden macht einen Rundgang durch die Treibhäuser.

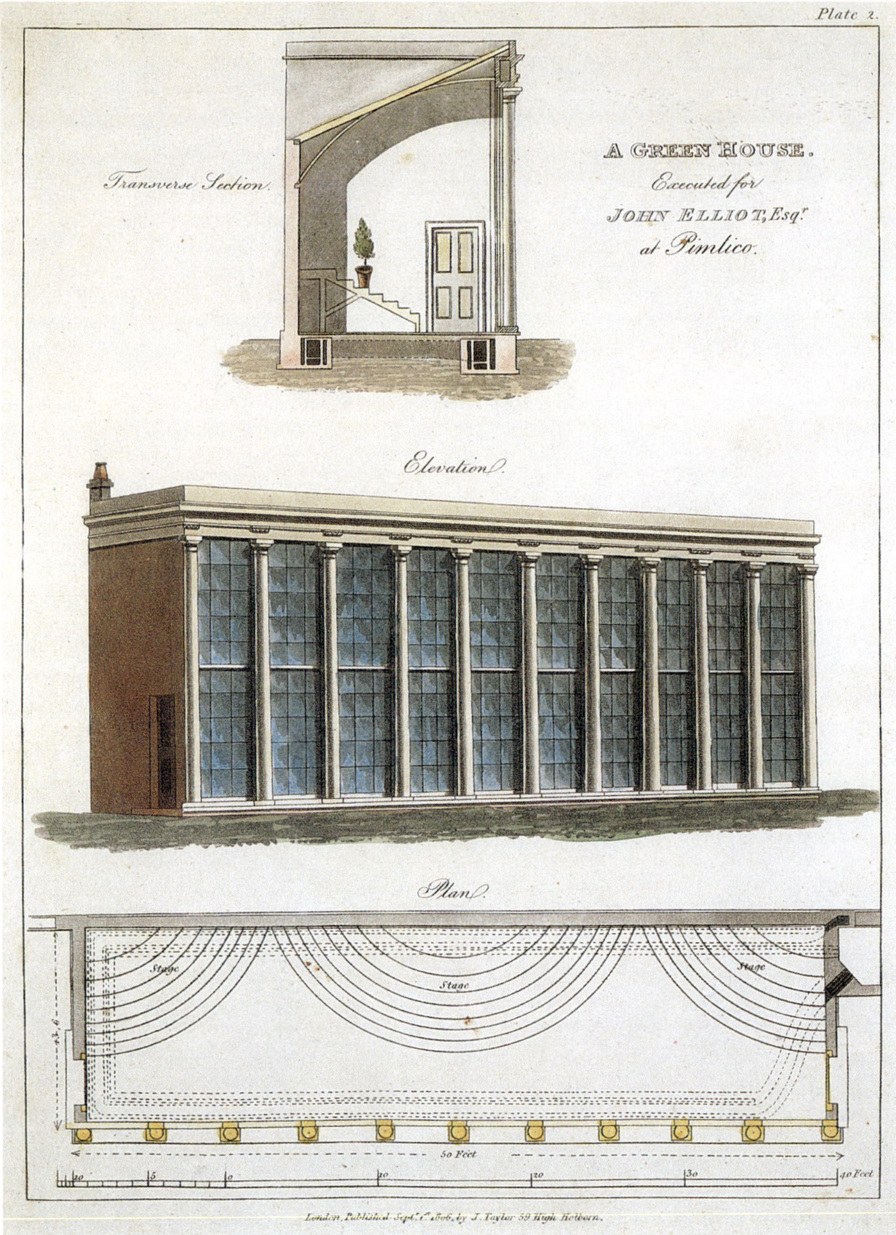

Oben und rechts:
Das Buch von George Tod über Gewächshäuser erschien im Jahr 1812: Klassisch wirkt der Entwurf für ein Londoner Stadthaus, etwas schlichter der für ein Landhaus.

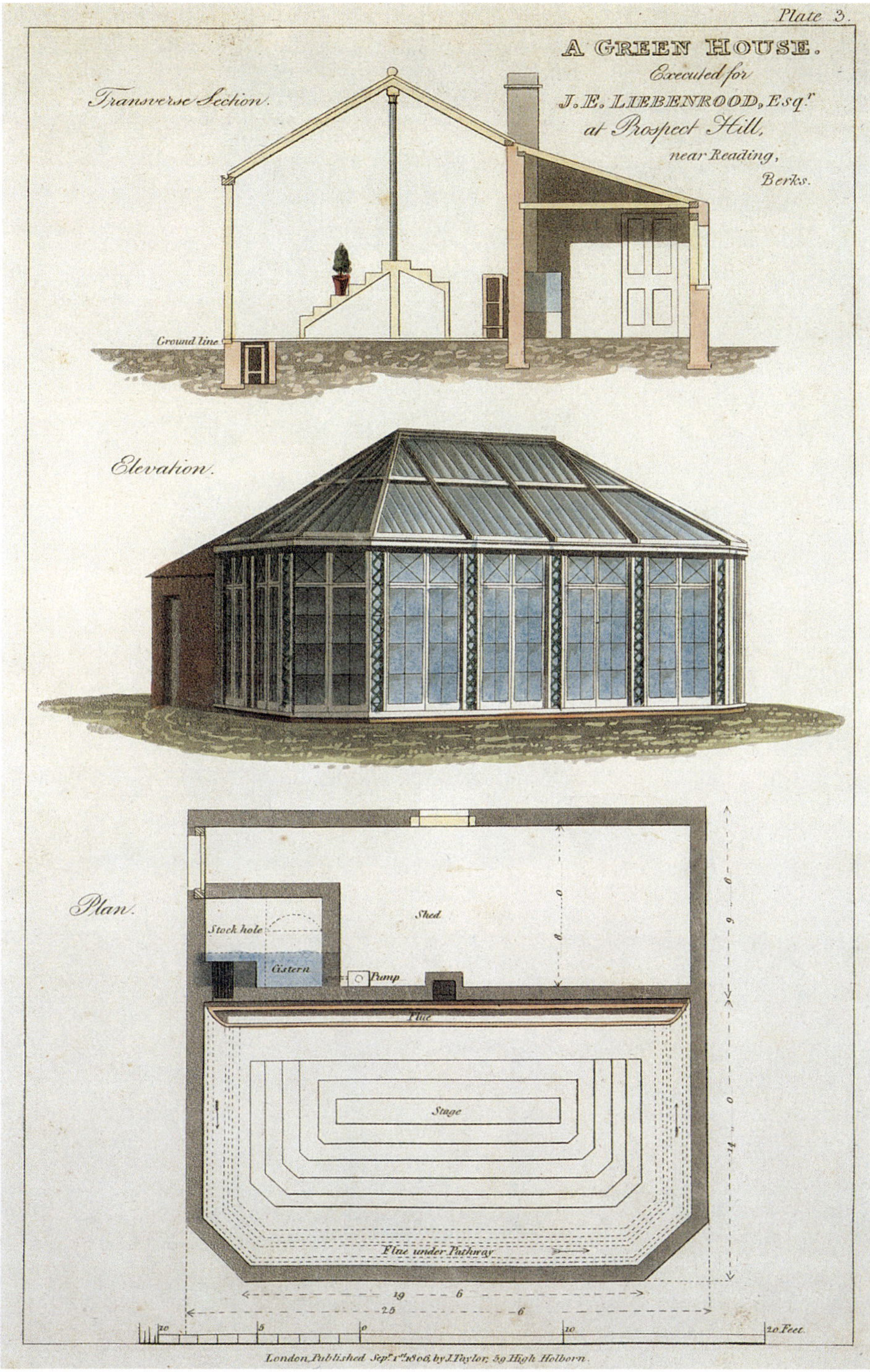
Plate 3.
A GREEN HOUSE.
Executed for
J. E. LIEBENROOD, Esq.r
at Prospect Hill,
near Reading,
Berks.
Transverse Section.
Ground line
Elevation.
Plan.
Stock hole
Cistern
Pump
Shed
Flue
Stage
Flue under Pathway
19 6
25 6
8 0
6 9
14 0
10
5
0
10
20 Feet.
London Published Sep.r 1st 1806, by J. Taylor, 59 High Holborn.

Green-house
Pl. 28.

Links: Ein mehrgiebliges Treibhaus im Landhausstil; die Fassade ist mit Rocaille-Ornamenten verziert (William Wrighte, um 1760).

Unten: Fassade des prachtvollen Gewächshauses im Park des Wiener Schlosses Belvedere, um 1720.

Section of Green House
0
10
20 ft. Scale fo

Section of Peacher
10

Links und oben: Motive aus George Tods im Jahr 1812 erschienenen Buch: Zwei Ausschnitte zeigen die Innenräume, einer mit Treppengestell zum Aufstellen von Töpfen und Kübeln, auf dem anderen sind Erziehungsmethoden für Pfirsichbäume und Weinreben zu sehen. Die beiden anderen Abbildungen zeigen Wintergarten-Anbauten an Londoner Stadthäuser.

Vorhergehende Doppelseite: Treibhäuser in den Cambridge Botanical Gardens, aus Ackermanns 1815 erschienenem Werk »History of Cambridge«.

Oben: Aus Reptons im Jahr 1808 erschienenen Werk »Red Book«: In Brighton pflanzt ein Gärtner Rosen in einen Pflanztrog mit durchbrochenen Verzierungen um.

Rechts: Entwurf von Papworth aus dem Jahr 1818 für ein Gewächshaus im gotischen Stil.

Dieser geschmackvolle Druck aus dem Jahr 1780 zeigt drei Damen, die ein Gewächshaus besuchen – wahrscheinlich um Zimmerpflanzen oder Ziergewächse für ihren Wintergarten einzukaufen.

3
I
2

Links und unten: Stiche aus der 1616 erschienenen Übersetzung von Crispian Van Der Passes »Hortus Floridus«, das zur Hochzeit der Tulpenbegeisterung erschien; die links abgebildete metallene Vorrichtung diente dazu, Tulpen aus dem Boden zu holen, mit Drahtschlingen stützte man die Stängel ab.

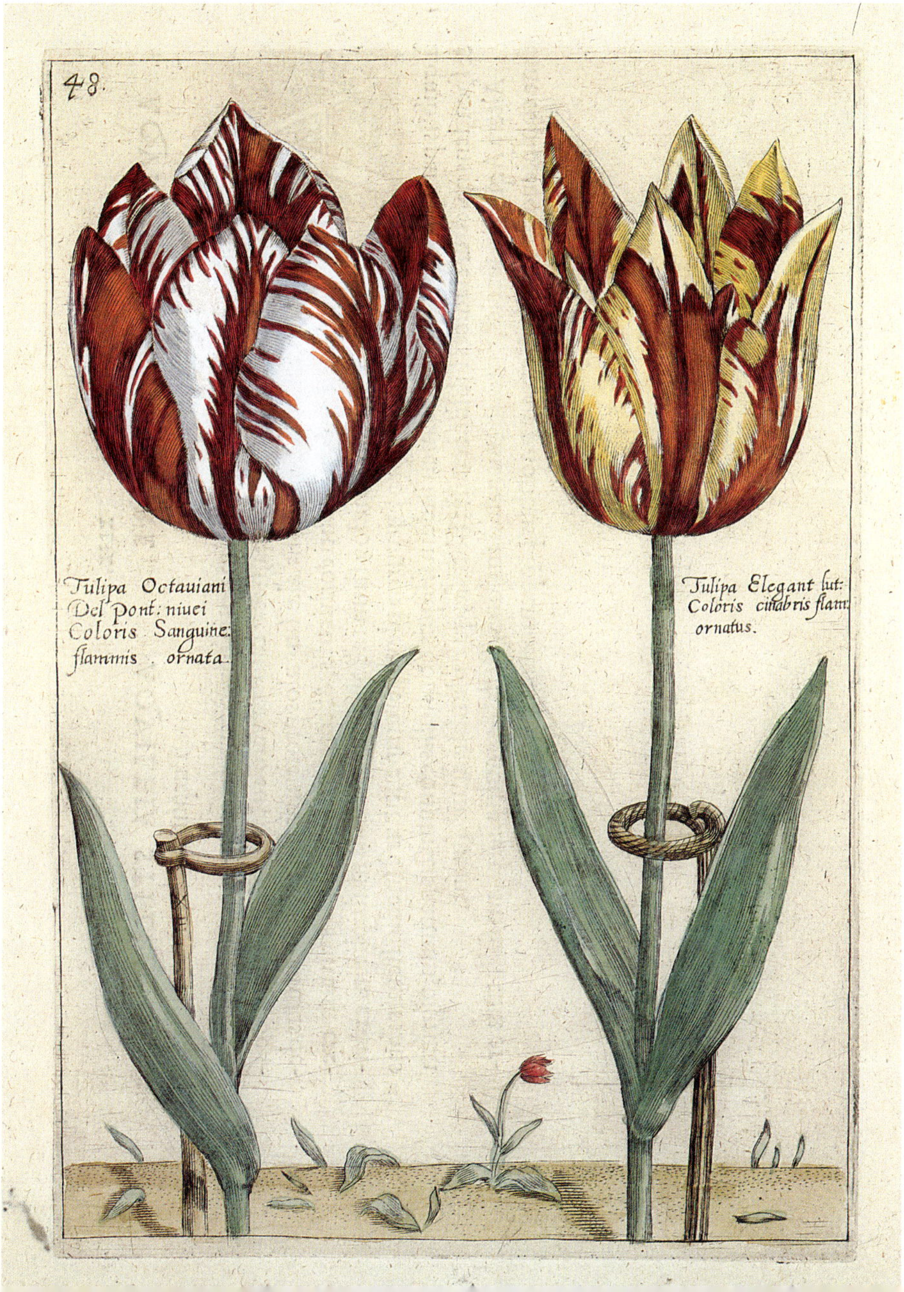

Oben: Die Abbildung aus dem Jahr 1905 demonstriert, wie man aus einem Wurzelausläufer der Weinrebe Ableger gewinnt.

Rechts: Pfropfen, Schneiden und Ziehen von Weinreben, aus Commelyns 1676 erschienenen Übersetzung von Ferraris »Hesperides«.

Het inleggen der Wijngaerden.
D
C
C
B

Oculatie der Boomen.
B
A
C
D

Links und unten: Stiche aus Commelyns »Hesperides«: links die Veredelung von Obstgehölzen, unten der erste Schritt bei der Erziehung eines Spaliers.

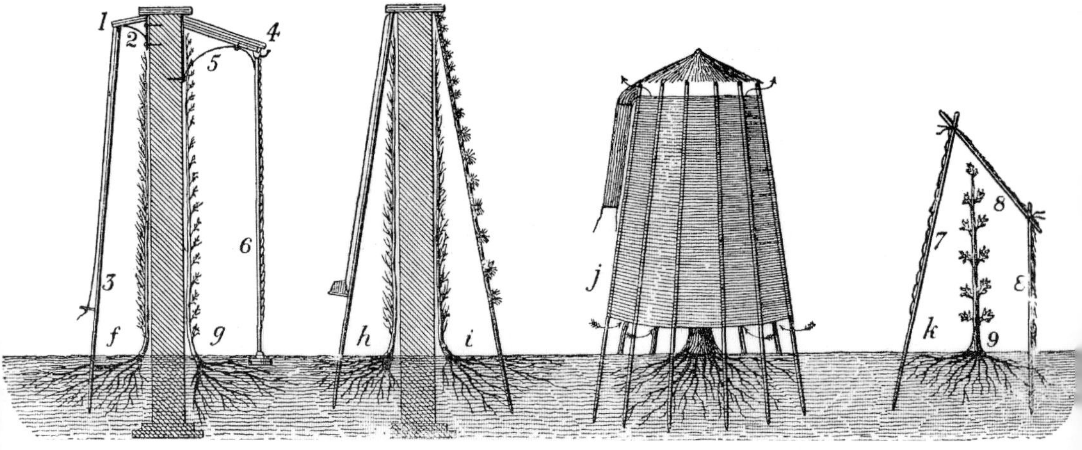

Oben: Winterschutz für Spalierobst (»The Fruit Grower's Guide«, um 1905).

Rechts: Das Pflanzen eines Baumes ist ein häufiges Motiv auf dem Frontispiz früher Gartenbücher; aus »The Retir'd Gardener«, das 1706 von George London und Henry Wise veröffentlicht wurde.

Oben: Zeichnungen für Schubkarren und ein Tablett, aus »The Fruit Grower's Guide«.

Rechts: Gebräuchliche Werkzeuge für den Obstbaumschnitt, aus Ferraris «Hesperides«.

Folgende Seite: Gartengeräte aus Diderots »Encyclopédie des Sciences et des Métiers«, 1751–1772.

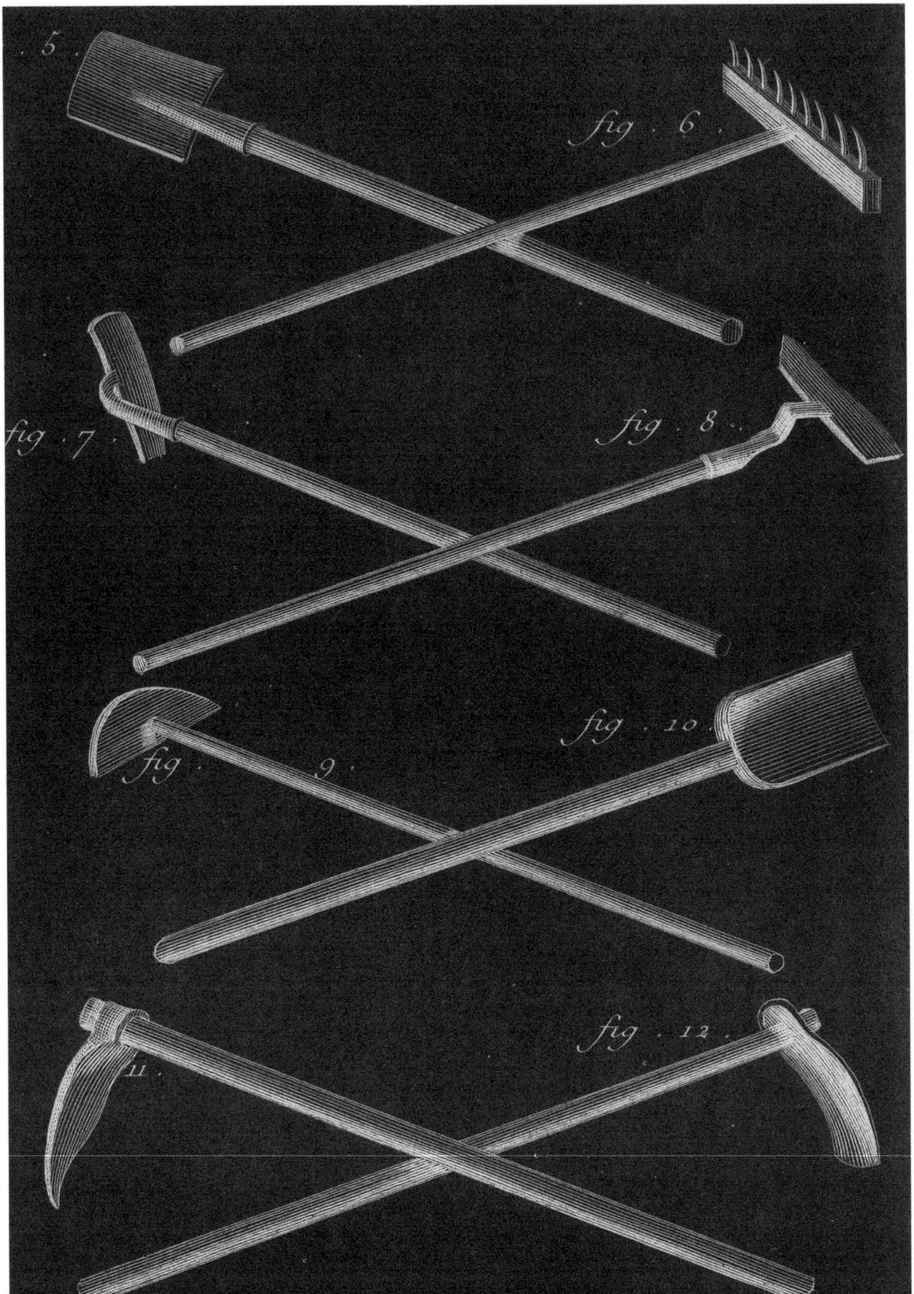

Rechts: Der französische Modedruck (um 1920) zeigt eine junge Dame, die sich auf einem viel zu schweren Spaten abstützt.

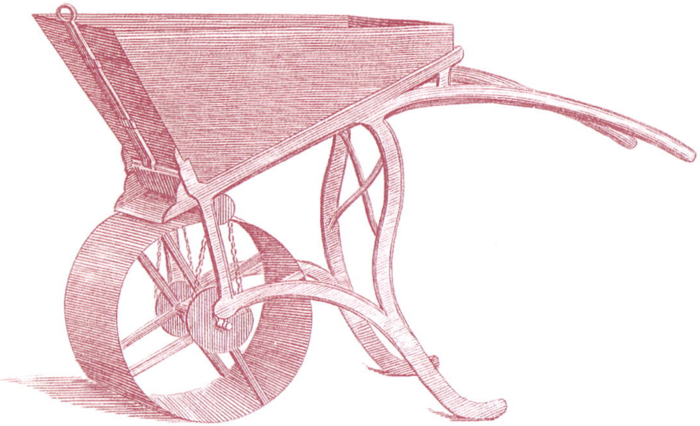

Vorhergehende Doppelseite: Ein Barockgarten wird mit Zitronen bestückt.

Oben: Zitrusbäume zieren das Frontispiz von Ferraris »Hesperides« (Italien, 1646).

Rechts: Titelseite von Abraham Muntincks Buch über Erdgewächse.

Seite 370/71: Gerüst auf Rollen für den Gehölzschnitt im Park des österreichischen Schwarzenberg-Palais.

NAUWKEURIGE
BESCHRYVING
DER
AARD-GEWASSEN,
DOOR
ABRAHAM MUNTING.
T'Utrecht by FRANCOIS HALMA, Boekverkoopers,
Te Leiden by PIETER VANDER AA.
MDCXCVI

Oben: Gartengeräte aus Diderots »Encyclopédie«: hölzerner Schirm, Saatkorb, Gießkannen.

Rechts: Frontispiz von Reptons 1808 erschienenem »Red Book« mit Gartengeräten und -werkzeugen.

FLORA
Cherishing
WINTER
GARDENS
ARE WORKS OF ART
RATHER THAN OF NATURE
DESIGNS THAT ARE VAST
ONLY BY THEIR DIMENSIONS, ARE ALWAYS
THE SIGN OF A COMMON AND LOW IMAGINATION;
NO WORK OF ART CAN BE GREAT BVT AS IT DECEIVES
TO BE OTHERWISE IS THE PREROGATIVE OF
NATVRE ONLY.
BURKE on the Sublime&c

Oben und rechts: Drei Methoden für den Umgang mit Insekten (aus »The Fruit Grower's Guide«, um 1905).

Links: Ein Gerüst auf Rollen für den Schnitt hoher Gehölze.

Oben: Handgezogene Karre für den Abtransport von Schnittholz und anderen Gartenabfällen; beide Abbildungen stammen aus Diderots »Encyclopédie«.

Folgende Doppelseite: Geräte aus Johann Van der Groens Gartenbuch aus dem Jahr 1668, einem der frühesten und bedeutendsten Handbücher dieser Art.

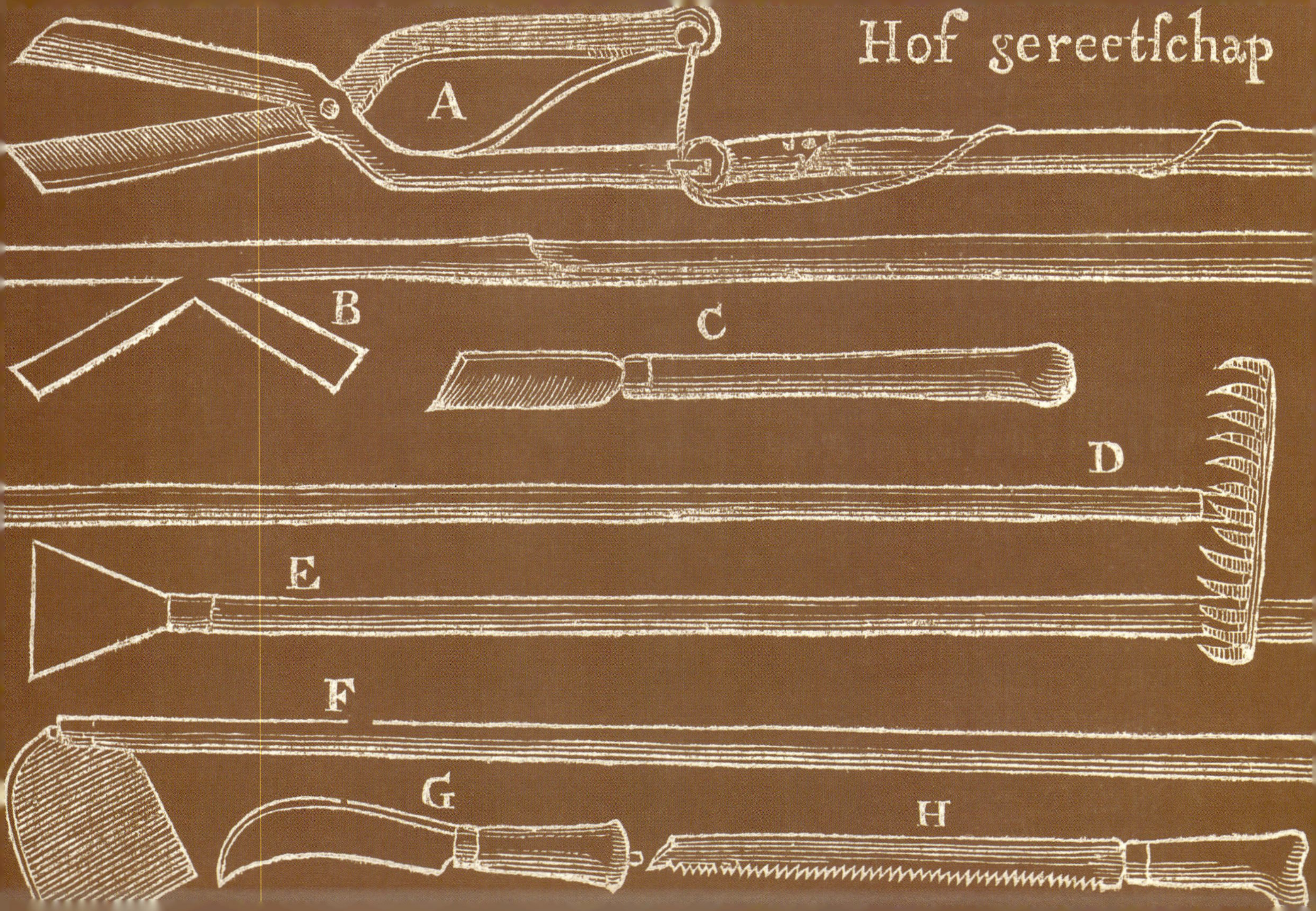
Hof gereetſchap
A
B
C
D
E
F
G
H

I
K
L
M
N
P
Q

Oben: Victor Petits französisches Eishaus aus dem Jahr 1855 wird mit Stroh isoliert.

Rechts: Papworths Eishaus aus der Regency-Periode erinnert an ein griechisches Mausoleum.

Linke Seite: Schmiedeeiserne Voliere, gekrönt von einer Laube.

Links: Vogelvoliere.

Oben: Unterschlupf für Wasservögel; alle Entwürfe stammen aus Jean Boussards Kompendium, um 1880.

Oben: Voliere in Kew Gardens, erbaut von Sir William Chambers im Jahr 1763 (Radierung von Paul Sandby).

Rechts: Entwurf von Repton für eine Fasanerie im Brighton Pavilion.

PROJET D'UN PIGEONNIER
pour Madame la Duchesse
de la Tremoille a Attichi
par Bellini

Links: Taubenhaus im Pagoden-Stil (aus Le Rouges »Jardins Anglo-Chinois«, um 1770).

Unten: Kaninchengehege in der italienischen Villa Barbarigo, um 1660 (D. Rossetti, 1702).

1

3

Links: Außen- und Innenansicht eines Bienenstocks, aus einem niederländischen Musterbuch des Jahres 1802.

Oben: Entwurf von Papworth für einen Bienenstock in den Farben Schwarz und Gelb, 1822.

Folgende Doppelseite: Sir John Soanes strohgedeckte Molkerei in Hamels, Hertfordshire.

BIBLIOGRAPHIE

(Die angegebenen Seitenzahlen beziehen sich auf die Abbildungen in diesem Buch)

Ackermann, Rudolf, *History of Cambridge*, 1815 *350*

Ackermann's Repository, 1809–28 (Chromolithographien) *98/99*

E. Adveno Brooke, *The Gardens of England*, 1857 (Chromolithographien) *2, 54, 62, 154, 155, 164/65, 210/11, 215, 222, 223, 242/43*

Atkinson's Afghanistan, 1842 (Aquarelle von Louis-Charles Hague) *314/15*

Bellamy, Daniel Sr., *Ethic Amusements*, 1770 *296/97*

Boussard, Jean, *Constructions et Décorations pour Jardins. Kiosques – Orangeries – Volières: Abris divers*, um 1880 (Die Werke verschiedener Architekten, wiedergegeben von Boussard) *108/09, 203, 212, 213, 280, 282/83, 386, 387*

Chambers, Sir William, *The Garden and Buildings at Kew in Surry*, 1763 *120, 388*

Cierney, L., *Die Gärten der Wiener Hofburg*, 1852 *114, 115, 146, 173*

Collection of New Ideas for the Garden, 1799 *75, 95, 140, 170, 196, 252, 253, 256, 263, 274*

Colonna, Francesco *Hypnerotomachia Poliphili*, 1499 *40, 41, 171*

Commelyn, Jan *De Nederlandze Hesperides*, 1676 *344, 345, 361, 362, 363*

De Bry, J. Theodore, *Florilegium Renovatum ...* (inkl. *Der Garten des Bürgermeisters Schwind*), 1641 (Stich von Matthias Merian) *17, 161*

Decker, Paul, d. Ä., *Fürstliche Baumeister, oder: Architectura Civilis*, 1711, 1713, 1716 *32, 44, 45, 166, 167*

Decker, Paul, d. J., *Europae Speculum*, um 1736 *307*

Decker, Paul, *Gothic Architecture Decorated (Gotische Architektur)*, 1759 *202*

Decker, Paul, *Chinese Architecture, Civil and Ornamental*, 1759 *100, 102/03, 149*

De Leth, Hendrick & Brouerius Van Nidek, Mattheus, *Het Zegenpralent Kennemerlant, vertoont in veele Heerelyke ... Gezichten ven deszelfs voornemeste Lustplaetzen, Adelyke Huizen, Dorp-em Stede-Gebouwen*, 1700 – bis etwa 1730 *18/19, 266, 267, 289, 303, 308/09*

Diderot, Denis, *Encyclopédie des Sciences et des Métiers*, 1751–72 *368, 376, 380, 381*

Documents: Architecture Moderne, Vol. I, 1900 *184/85, 194/95*

Duncker, Alexander (Hrsg.): *Die Ländlichen Wohnsitze, Schlösser, und Residenzen des Ritterschaftlichen Grundbesitzen in der Preussischen Monarchie*, 1852–63 (Lithographien nach Aquarellen von T. Hennicke) *168, 169*

Ehret, G. D., (Album mit botanischen Studien), 17. Jahrhundert *58/59, 224*

Engelbrecht, Martin, Suite of Designs for Vases, 1730–55 *9, 10, 221*

Egan, Pierce, *Life of an Actor*, 1825 *182/83*

Falda, Gio. Battista: *Le Fontane di Roma, Teil I–IV*, 1675 – etwa 1690 (gezeichnet und gestochen von Falda, Venturini & Fantetti) *157, 266, 267, 298/99, 303,308/09*

Ferrari, Giovanni Battista, *Hesperides*, 1646 *342, 343, 367, 374*

The Fruit Grower's Guide, 1905 *360, 364, 366, 378/79*

Galérie des Modes, spätes 18. Jahrhundert *1, 6, 249, 250*

Galli da Bibiena, Giuseppe, *Architetture e Prospettive*, 1740 (Stiche von Andrea Pfeffel) *232/33, 238/39*

Gazette Illustrée des Amis de Jardins, 1825–27 *310/11*

Gazette du Bon Ton, 1913 und 1920 *244, 251, 264, 265, 281, 285, 369*

Goetghebuer, Pierre-Jacques, *Choix des Monuments, Édifices et Maisons les plus remarquables du Royaume des Pays-Bas*, 1827 *70, 94*

Halfpenny, William, *New Designs for Chinese Temples*, 1752 *88*

Hofland, Mrs T. C., *Descriptive Account of the Mansion and Garden of White Knights*, 1819 *216/17*

Houel, Jean-Pierre-Louis, *Landscapes*, 1813 *186*

Janscha, L., *Öffentliche Parks und Garten rund um Wien*, 1799 (Stiche von Johann Ziegler) *55, 86/87, 90, 118, 119, 142/43, 150/51, 214*

Kleiner, Salomon, *Vorstellung beyder Schlösser Weissenstein ob Pommersfeld und Geubach*, 1728 *61, 64/65*

Kleiner, Salomon, *Vorstellungen ... folgender Lustgärten ausser der Residenz-Stadt Wien*, 1728 *24/25, 47, 60, 104, 105, 225, 273, 370, 372/73*

Kleiner, Salomon, *Résidences memorables ... Édifices et Jardins de Prince Eugène-François, Duc de Savoye*, 1731–40 *158/59, 288, 321, 340/41, 349*

Langley, Batty & Thomas, *Ancient Architecture Restored and Improved*, 1741–42 (später *Gothick Architecture*) *88, 148*

Le Bouteiller, *Album de l'Industrie et des Arts Utiles*, 19. Jahrhundert *205*

Le Pautre, Antoine, *Les Œuvres d'Architecture, 3. Ausgabe* (erste mit Text), 1652 *240*

Le Pautre, Jean, Œ*uvres*, 1661 *4, 16, 156, 175, 180, 301, 304*

Le Rouge, Georges-Louis, *Jardins Anglo-Chinois*; 1770–87 *52, 88, 89, 92/93, 117, 132/33, 134/35, 248, 262, 275, 390*

London, George, & Wise, Henry, *The Retir'd Gardener*, 1706 *365*

Macfarlane's Castings (Firmenkatalog), um 1890 *128, 174, 181*

Marcel, Alexandre, *Compositions Décoratives et Architecturales*, 1895–1920 *178/79*

Mariette, Jean, *L'Architecture Française: Versailles and Marly*, 1738 *334*

Martin, John, *Views of Sezincote House, um* 1818 (Tuschezeichnungen von F. C. Lewis nach Stichen von Martin) *112/13, 138/39, 324/25*

Mawson, Thomas H., *The Art and Craft of Garden Making*, 1900 *53, 162, 329*

Mawson, Thomas H., *Civic Art; Studies in Town Planning, Parks, Boulevards and Open Spaces*, 1911 *272*

Mondon, Jean, *Livre de Formes Rocailles et Cartels*, in 6 Bänden, Ausgabe 1736 und 1749 *231, 241, 300*

Muntinck, Abraham, *Nauwkeurige Beschryving der Aard-Gewassen* (Genaue Beschreibung der Erdgewächse), 1666 *375*

Oppenordt, Gilles-Marie, *Œuvre ... contenant différents fragments d'architecture et d'ornements ...*, 3 Ausgaben in einem Band, 1745 *144, 305*

Over, Charles, *Ornamental Architecture in the Gothic, Chinese and Modern Taste*, 1758 *84, 101, 190, 191*

Paine, James, *Plans, Elevations and Sections of Noblemen's and Gentlemen's Houses*, 2 Bände, 1768 und 1783 *83*

Papworth, John Buonarotti, *Rural Residences, consisting of a series of designs for cottages, small villas, and other ornamental buildings ...*, 1818 *82, 192, 355, 384*

Papworth, John Buonarotti, *Hints on Ornamental Gardening, consisting of a Series of Designs for Garden Buildings*, 1823 *91, 122, 142, 393*

Pein, Georg (erwähnt 1775), *Ideen zur aussern und innern Verzierung die Gebäuden* *160*

Petit, Victor, *Habitations Champêtres, Receuil de Maisons, Villas, Chalets, Pavillons, Kiosques, Parcs, et Jardins*, um 1855 (Chromolithographien) *106, 107, 258, 259, 260, 261, 276, 277, 384*

Piranesi, Giovanni Battista, *Raccolte di varie Vedute di Roma si antica che moderna*, 1740–50 *33*

Rémon, Georges, *La Décoration Intérieure*, Paris, 1900 *78/79*

Repton, Humphry, *Designs for the Pavilion at Brighton*, 1808 *322, 327, 354, 377, 389*

Repton, Humphry, *Fragments on the Theory and Practice of Landscape Gardening*, 1816 *172*

Rigaud, Jacques, *Receuils ... des Palais Châteaux et Maisons Royales de Paris et des Environs*, 1730 *302*

Righini, P., Theatrical Variations, um 1742 *67, 145*

Robertson, William, *A Collection of Various Forms of Stoves*, 1798 *110/11*

Rossetti, D., *Le Fabbriche e i Giardini dell'Ecc. Casa Barbarigo a Valsansibio*, 1702 *391*

Schübler, Johann-Jacob, *Garten-Belustigungen*, 1783 *81, 335, 389*

Schynvoet, Simon, *Voorbeelden de Lusthof Cieraaden*, um 1704 *227*

Smith, George, *Collection of Designs for Household Furniture*, 1808 *204*

Soane, Sir John, *Designs in Architecture, Consisting Of Plans, Elevations... For Temples... and other Buildings; for decorating Pleasure Grounds...*, 1797 *76/77, 96, 97*

Tod, George, *Plans, Elevations, & Sections of Hothouses, Green-Houses, ... Conservatories etc. recently built*, 1812 *346, 347, 352, 353*

Van der Groen, Johann, *Den nederlandschen Howenier*, 1668 *12, 21, 26, 27, 306, 382/83*

Van der Passe, Crispian, *Hortus Floridus, in quo rariorum & minus vulgarium florum Icones*, 1614 *22/23, 358, 359*

Van Laar, G., *Magazijn van Tuin-Sieraden*, 1802 (»Gartenmagazin mit bemerkenswerten Gebäuden aus ausländischen Publikationen«) *74, 75, 82, 82, 123, 125, 140/41, 163, 193, 198, 208, 252, 257, 392*

Versailles, *Plans, Profils... de Versailles avec les bosquets et fontaines tels qu'ils sont à Présent*, Paris, (D. Girard, P. Le Pautre *et al.*), 1715 *28/29, 292, 300, 316, 317, 320*

Versailles & Marly *(ohne Titel)*, Paris, 1672 bis etwa 1689 (nach Zeichnungen von J. & P. Le Pautre, 1672–73 *220, 228/29, 234, 235, 236, 237, 293, 294, 295*

Visscher, Nicolaus, *(spätes 17. Jahrhundert), Princely Palaces and Gardens of the Netherlands 42, 63, 124/25*

Wallis, N. *The Carpenter's Treasure: a Collection of Designs... for Temples*, 1793–95 *121*

Wrighte, William, *Grotesque Architecture, or Rural Amusement...*, 1768 *85, 198, 209, 348*

Zocchi, Giuseppe *Vedute delle Ville, e d'Altri Luoghi della Toscana*, 1744 und 1757 *38, 39*

GLOSSAR

Allee
Von hohen Bäumen oder Hecken gesäumter Weg oder Fahrstraße.

Amphitheater
Großflächige Gartenzone in Form des antiken Auditoriums in einer künstlichen oder natürlichen Mulde.

Arkade
Überdachter, ein- oder beidseitig offener Bogengang.

Balustrade
Brüstung oder Geländer aus balusterförmigen, meist steinernen Pfeilern.

Belvedere
Aussichtspunkt oder -terrasse.

Blumeninsel
Wie zufällig eingestreut wirkende Blumenbeete auf Rasenflächen; runde Blumenbeete, die formal gestaltete Rabatten aufbrechen; eine englische Erfindung zu Zeiten des Regency (frühes 19. Jahrhundert).

Bocage
Randbereich eines weitläufigen Gartens oder Parks, der in naturnahem Stil mit dichtem Gehölz besetzt ist; vor Mitte des 18. Jahrhunderts durchzogen von breiten Alleen, die sich teilweise zu engen Serpentinen verjüngten; später bezeichnete man mit diesem Begriff zwanglose Gehölzpflanzungen.

Boskett
Dichte Gehölzgruppe, normalerweise an den Rändern beschnitten, durch die oft Alleen führten. Im Innern gibt es meist eine Lichtung mit Statuen oder Brunnen. Beliebtes Gestaltungselement von Le Nôtre.

Chinoiserie
Europäische Version chinesischer Muster und Motive. Bestimmend für das Erscheinungsbild lackierter durchbrochener Verzierungen und im Rokoko mit Brücken im Pagoden-Stil.

Clairvoyé
»Durchblick« in einer Mauer oder einer Hecke, die Aussicht auf etwas Dahinterliegendes bietet, oft mit Sichtgitter.

Eishaus
In der Regel konisch geformtes Bauwerk aus schweren Ziegeln oder Steinen, oft zur Hälfte unterirdisch; zur Lagerung von Eis oder zur Aufbewahrung von Lebensmitteln benutzt. Später oft mit dekorativem Charakter.

Eremitage
Einsiedelei, typisch für die Attrapppenarchitektur des 18. Jahrhunderts. Oft bemühte man sich um einen »echten« Eremiten, um eine möglichst lebensechte Wirkung zu erzielen.

Formschnitt
Die Kunst, Immergrüne in geometrischen Formen zu schneiden.

Gloriette
Gartenpavillon, der sich weit entfernt vom Wohnhaus befindet, und als Sommerresidenz, Wachtturm oder Belvedere genutzt wird.

Green
Rasenfläche für Spiele im Freien, französisiert wurde daraus der Boulingrin (bowling green).

Grotte
Ursprünglich Höhle, malerische, oft in Renaissance- und Barockgärten nachgebildete Felsenhöhle, häufig mit Muschel- oder Tropfsteinverzierungen.

Haha
Stützmauer in einem Trockengraben, der die Besitzgrenze verschleiern sollte. Auf einen Zaun kann so verzichtet werden, der Blick kann frei schweifen.

Jardin anglo-chinois
In Frankreich war man der Auffassung, der englische Landschaftsgarten sei von China inspiriert. Der Ausdruck sollte diese Verbindung hervorheben.

Kanal
Rechteckig angelegte, oft lang gestreckte Wasserfläche, die im frühen 18. Jahrhundert ein überaus beliebtes Gestaltungselement darstellte und oft die Mittelachse einer Anlage markierte.

Kaskade
Künstlich geschaffener Wasserfall mit dekorativer Wirkung. Im italienischen Garten des 16. Jahrhunderts Sonderform der Stufenkaskade als Teil eines Systems von Wasserbasins und -brunnen.

Kiosk
Aufenthaltsraum im Garten, der aus Holzlatten oder Pflanzen besteht. Ab dem 18. Jahrhundert oft im orientalischen Stil errichtet.

Knotengarten
Formaler Garten mit Heckenumfassung, die komplizierte Muster bildet.

Laube
Unterstand im Garten, oft an einer Seite offen und gewöhnlich mit Kletterpflanzen berankt.

Loggia
Zu einer oder beiden Seiten offene Arkade, die einen schattigen Wandelgang bildet; stammt aus Italien.

Pagode
Mehrstöckige Laube oder Tempel im chinesischen Stil, in Anlehnung an die berühmte Pagode von Kanton.

Parterre
Formales und regelmäßig angeordnetes Beet, mit niedrigen (Buchs-)Hecken eingefasst und oft mit dekorativen Elementen wie Urnen versehen.

Parterre de broderie
Sonderform des Parterre, bei der die Hecken in Arabesken gestaltet sind, die an die Stickereien des frühen 17. Jahrhunderts erinnern.

Pergola
Balken- oder Lattenkonstruktion in Form frei stehender Bögen oder als Unterstand, die Kletterpflanzen als Rankhilfe dient und einen schattigen Laubengang bildet.

Rabatte
Langes, schmales Beet als Einfassung oder entlang einer Mauer. Die Staudenrabatte ist typische, für den englischen Garten Ende des 19. Jahrhunderts.

Rocaille
Muschel- und felsförmige Verzierungen in Grotten und Wandnischen, die insbesondere in der Mitte des 18. Jahrhunderts im Rokoko sehr beliebt waren.

Spalier
Senkrechtes Gerüst zur Erziehung von Obstbäumen. Durch die Befestigung an einer Mauer wird die Sonne optimal genutzt und die Reifezeit verkürzt.

Tempel
Kleines Gartenhaus oder Sommerhaus, oft in klassischer Architektur in Anlehnung an die Antike erbaut.

Treillage
Gitterwerk aus Holzlatten, das ein Gerüst für Gehölze oder Kletterpflanzen darstellt oder aber als Sichtschutz eingesetzt wird; vor allem in Gärten des frühen 18. Jahrhunderts entstanden daraus raffinierte architektonische Konstruktionen. Eine Sonderform ist der französische »salon de verdures«, der grüne Salon.

Wilderness
Entspricht der Bocage.

DANKSAGUNG

Autor und Verlag danken Bernard Shapero Rare Books, London, für die Beschaffung und Bereitstellung zahlreicher Werke, denen die Illustrationen in diesem Buch entnommen wurden. Gedankt sei auch folgenden Personen für ihre Unterstützung bei der Materialbeschaffung: Marlborough Rare Books, London, sowie Martin Trowbridge von Trowbridge Gallery, London.

Alle Fotografien für die Bebilderung des Buches stammen von Philip de Bay von der Stapleton Collection, London, mit Ausnahme der Entwürfe für die Zelte auf Seite 201; diese sind eine freundliche Leihgabe des Herstellers, des Raj Tent Club, London.

Besonderer Dank gebührt Sara Waterson für ihre große Hilfe bei der mühseligen und äußerst zeitaufwändigen Materialrecherche; ohne die von ihr verfassten Bildlegenden, die Bibliographie und das Glossar hätte das Buch nicht vollständig fertig gestellt werden können.

LUST AUF NOCH MEHR GARTEN?

Das Gartenkunst-Museum in Schloss Fantaisie in Donndorf bei Bayreuth hat von April bis September täglich außer dienstags von 9–18 Uhr geöffnet. Führungen nach Vereinbarung. Der Park ist ganzjährig geöffnet.

Auskünfte erteilt das
Gartenkunst-Museum in Schloss Fantaisie
Bamberger Str. 3
95488 Eckersdorf-Donndorf
Tel.: 0921/73 14 00–11
Fax: 0921/73 14 00–15
www.gartenkunst-museum.de

ÜBER DIE AUTOREN

Stephen de Bay hat als Kunstphotograph für das Victoria-and-Albert Museum in London gearbeitet. Heute ist er Geschäftsführer der Stapleton Collection, eines historischen Bildarchivs, spezialisiert auf Interieurs, Reise, Mode, Garten und Design. In den letzten 20 Jahren hat er bei zahlreichen wissenschaftlichen Projekten sowie bei der Edition von Kunstbüchern mitgewirkt.

James Bolton, Autor der Texte, ist Fachdekan in der berühmten Inchbald School of Design in London.

Titel der englischen Originalausgabe: Gardenmania
Ins Deutsche übertragen von Kirsten Sonntag

Die Originalausgabe erschien 2000 bei
Thames & Hudson Ltd, London.

Umschlaggestaltung: Hauptmann und Kampa
Werbeagentur, CH-Zug
Redaktion: Christa Klus-Neufanger
Herstellung: Karlheinz Rau
Satz: Grafikhaus, München
Druck und Bindung: Everbest Printing Co Ltd

ISBN 3-453-18577-3

Printed in China